MÉMOIRE A CONSULTER

SUR LA QUESTION JURIDIQUE

DE LA

PROPRIÉTÉ PERPÉTUELLE

ET HÉRÉDITAIRE

DES OEUVRES DE L'ESPRIT

PAR

JULES MARESCHAL

Premier Inspecteur honoraire des Beaux-Arts, ancien Bibliothécaire de l'Université, Membre de la Légion d'honneur
et de plusieurs Sociétés savantes,
secrétaire de la Commission royale de la propriété littéraire de 1836.

Prix : 3 fr. 50 cent.

PARIS
LIBRAIRIE NOUVELLE
BOULEVARD DES ITALIENS, 15

A. BOURDILLIAT ET Cⁱᵉ, ÉDITEURS

1861

MÉMOIRE A CONSULTER

PARIS. — IMP. SIMON RAÇON ET COMP., RUE D'ERFURTH, 1.

MÉMOIRE A CONSULTER

SUR LA QUESTION JURIDIQUE

DE LA

PROPRIÉTÉ PERPÉTUELLE

ET HÉRÉDITAIRE

DES OEUVRES DE L'ESPRIT

PAR

JULES MARESCHAL

PREMIER INSPECTEUR HONORAIRE DES BEAUX-ARTS, ANCIEN DIRECTEUR A LA LISTE CIVILE, MEMBRE DE LA LÉGION D'HONNEUR
ET DE PLUSIEURS SOCIÉTÉS SAVANTES,
SECRÉTAIRE DE LA COMMISSION ROYALE DE LA PROPRIÉTÉ LITTÉRAIRE DE 1825

PARIS

LIBRAIRIE NOUVELLE

BOULEVARD DES ITALIENS, 15

A. BOURDILLIAT ET CIE, ÉDITEURS

1860

Je dois compte à mes lecteurs de la raison qui m'a fait adopter, pour cette nouvelle défense de la propriété littéraire, la forme toute spéciale de mon présent écrit. Voici cette raison :

Dans trois circonstances antérieures très-notables, où j'ai eu le devoir de défendre aussi de graves intérêts collectifs, cette même forme a porté bonheur à mes efforts, secondés par mes dix années de Palais et d'étude pratique du droit.

En premier lieu, sur mon Mémoire « conserver » publié en 1851, et aux conclusions duquel quatorze avocats des plus renommés du barreau de Paris me firent l'honneur d'adhérer complétement, j'ai fait juger, dans tous les degrés de juridiction, « que l'État était tenu des dettes de l'ancienne « liste civile, *soit comme représentant la puissance sociale, soit comme ayant appréhendé les va-« leurs* (bien supérieures, du reste, à la somme de ces mêmes dettes). »

En second lieu, par la publication d'un autre Mémoire sous pareille forme, j'ai obtenu la présentation d'un projet de loi et sa votation presque unanime par la Chambre des députés de la monarchie de Juillet, pour faire accorder une *indemnité de réforme* aux anciens employés de la même liste civile, congédiés en masse en août 1850, sans pensions de retraite, à défaut de dix ans révolus de service, et bien qu'ils eussent payé annuellement les retenues exigées pour y avoir droit. (Si ensuite, et malgré ce succès, l'avantage est devenu stérile, et si j'ai eu la douleur de voir mes pauvres clients, dont un grand nombre se composait de mes anciens employés de la direction générale des Beaux-Arts, mourir de chagrin et de misère dans l'attente toujours vaine de cette justice qui leur avait été si solennellement promise, la cause en fut uniquement au regrettable conflit qui s'éleva, alors, entre les deux pouvoirs parlementaires, sur un point tout en dehors du premier vote, ce qui vint ainsi faire obstacle au vote final de la loi en question, aucun des gouvernements qui ont succédé au gouvernement de Juillet ne s'étant, malgré mes vives instances persistantes et une longue poursuite de l'affaire, très onéreuse pour moi personnellement, occupé du sort de ces infortunés.)

En troisième lieu, plus tard (1847-1852), l'émission de deux autres Mémoires de moi, appuyant l'initiative par moi prise, par devoir de position, d'une demande en restitution par l'État du cautionnement de six millions confisqué sur l'ancienne Compagnie du chemin de fer de Lyon à Avignon, j'ai ainsi concouru à obtenir de la justice du gouvernement de l'Empereur, par la bienveillante autant que puissante intervention de M. Magne, alors ministre des travaux publics, cette restitution.

Ce sont ces précédents qui m'ont encouragé dans l'idée de soutenir une nouvelle lutte analogue au profit de cette autre grande et noble cause de la propriété littéraire, à laquelle je me suis voué depuis tant d'années. Puisse le passé ne pas être démenti par l'avenir !

ORDRE DES MATIÈRES

MÉMOIRE A CONSULTER

SUR LA QUESTION JURIDIQUE

DE LA PROPRIÉTÉ PERPÉTUELLE

ET HÉRÉDITAIRE

DES OEUVRES DE L'ESPRIT

INTRODUCTION

Toute loi d'exception porte en elle-même le germe de son abolition. Essentiellement temporaire et passager, son pouvoir se mesure par la durée des causes qui amenèrent cette dérogation au principe, et son autorité ne se comprend que sous l'incessante condition de retour au droit commun.

De là vient que de telles lois sont toujours discutables, et que toujours il est loisible, il est licite d'en provoquer le rappel, en démontrant ou qu'il y eut erreur dans leurs motifs, ou que ces motifs ont cessé d'exister. Dans l'un et l'autre cas, cette thèse implique forcément, avec le recours au principe lui-même, l'examen de son véritable esprit, et devient ainsi parfaitement susceptible, à tous les titres, d'être soumise à l'appréciation des jurisconsultes ; si ce n'est pas une question d'interprétation de la loi écrite, c'est plus et mieux encore ; c'est une question d'application des règles générales du droit, lesquelles dominent la loi, car elle n'en est, elle n'en peut être que la manifestation, et elle ne saurait s'en écarter qu'en cessant d'être juste. C'est là une vérité tout élémentaire en raison, et c'est, en droit, une proposition qui ne sera pas contestée.

Ceci étant, si l'on considère que notre législation actuelle sur la propriété des œuvres de l'esprit et des arts est une législation spéciale, tout à fait en dehors des principes généraux du droit public comme du droit civil, c'est-à-dire une loi d'exception des mieux caractérisées, l'on comprendra sans peine la convenance et la légalité de la publication de mon présent Mémoire à consulter, qui a pour but de faire expliquer les jurisconsultes sur la question de rapport de cette loi. On en comprendra aussi l'opportunité quand on réfléchira que l'opinion, depuis longtemps saisie de l'idée de cette réforme, aspire plus que jamais aujourd'hui à une solution, presque entièrement acquise à la conviction de sa nécessité, pourtant il lui reste un scrupule : si les brillantes discussions soutenues devant elle, principalement depuis quelques années, l'ont éclairée sur ce qu'il faut penser du droit littéraire envisagé dans sa nature propre et substantielle, elle n'est pas assez complétement édifiée encore sur l'inanité des motifs qui ont été jadis allégués pour transformer cette propriété si réelle, si légitime, et qui existe si manifestement de par le droit naturel et civil, en une propriété bâtarde, tronquée, procédant d'une doctrine sociale arbitraire, non moins oppressive à l'égard de l'auteur que spoliatrice à l'égard des familles. L'opinion publique sent bien que la raison, que l'équité, que la juste faveur due aux lettres et aux arts, condamnent cette sorte de proscription légale contre ceux qui les cultivent, mais elle reste incertaine quant aux principes par l'application desquels on la peut faire cesser.

C'est donc à ce dernier point de vue qu'il faut aujourd'hui traiter la question, ainsi ramenée à des termes tout juridiques. C'est à une thèse de droit strict qu'il faut désormais se livrer. Du champ, maintenant épuisé, des abstractions passant dans le domaine du positif, et, des déductions philosophiques ou métaphysiques aux applications précises, c'est, pour ainsi dire, le code à la main qu'il s'agit actuellement de discuter, afin de pouvoir appeler sur la matière les méditations des hommes du barreau, et, par l'autorité de leur avis, d'amener enfin l'opinion publique à sa complète maturité, base solide et gage toujours certain des bonnes réformes.

Celle-ci, plus que jamais il est permis de la croire prochaine, et même, s'il fallait en juger d'après des faits récents, on pourrait dire qu'elle semble acquise d'avance.

En effet, d'une part, il s'est produit, il y a quelques mois, une publication à laquelle la position administrative de son auteur donne une signification toute favorable dans le sens de la réhabilitation du droit littéraire, puisque l'objet de cet écrit est de soutenir le principe de perpétuité de ce droit.

Je veux parler de l'Étude sur la propriété littéraire et artistique, publiée par M. Gustave de Champagnac, chef du bureau littéraire au ministère de l'intérieur. Cette Etude, d'abord insérée aux numéros consécutifs de la *Revue européenne* des 15 janvier et 15 février derniers, a été, peu après, publiée en corps d'ouvrage [1], et elle a fait une grande sensation dans le monde littéraire et artistique. C'était justice, car, joint au vigoureux appui qu'elle apportait à la défense de la cause des écrivains et des artistes à raison des solides rai-

---

[1] A la librairie Dentu fils, Palais-Royal, 15, galerie d'Orléans.

sonnements et des graves autorités sur lesquels elle s'appuie, de plus, la profonde intelligence de la matière dont elle fait preuve, la merveilleuse lucidité de l'exposition et des démonstrations, ainsi que l'élégante précision du style, sont assurément bien faites pour concilier à l'œuvre la très-haute estime de tout ce qui tient aux lettres et aux arts, en même temps que le personnel si honorable de l'auteur justifie à tous les titres la sympathie qu'il fait naître de tous côtés, et, pour mon compte, c'est un hommage que je suis heureux de lui rendre ici du fond de l'âme.

D'autre part, l'apparition de cette œuvre, qu'on peut dire semi-officielle, a été simltanée avec celle d'un document très-grave dans l'espèce, car il n'est pas possible de n'en pas induire l'intention formelle du gouvernement de préparer un remaniement complet de notre législation littéraire. Ce document n'est rien moins que la révélation écrite, émanée du haut fonctionnaire ministériel le plus compétent pour la faire, de cette même disposition du pouvoir.

Voici, en effet, ce qu'on lit dans une lettre de M. le comte DE LA GUÉRONNIÈRE, *conseiller d'État en mission, chargé de la direction des affaires de la presse*, publiée en tête de l'ouvrage dont je viens de parler :

« *Cette Étude remarquable aura pour résultat de mettre en circulation* « *des idées généreuses qui aideront à la réalisation de* LA GRANDE ŒUVRE QUE « LE GOUVERNEMENT DE L'EMPEREUR EST APPELÉ À PRÉPARER. *Bientôt, je l'espère,* « *je pourrai m'occuper, sous la haute impulsion de M. le ministre de l'in-* « *térieur, du* CODE DE LA PROPRIÉTÉ LITTÉRAIRE, *et je suis assuré de trouver en* « *vous un aide aussi éclairé que dévoué.* »

Assurément, nul n'aura la pensée de me contredire lorsque je dirai que le caractère de l'éminent personnage dont je viens de parler est une garantie, la plus forte qu'on puisse souhaiter, du sérieux de sa déclaration. Il a du reste lui-même donné déjà des gages trop réels de son amour des lettres par la brillante pratique qu'il en a su faire, pour qu'il soit permis de douter du zèle qu'il apportera dans la réalisation de sa promesse.

D'ailleurs, comme complément, comme confirmation de ces engagements semi-officiels, voici qu'une mesure d'exécution solennelle est annoncée comme imminente, comme arrêtée déjà dans les conseils du gouvernement. C'est la réunion d'une commission nouvelle chargée, comme deux précédentes dont j'aurai à parler plus tard, d'élaborer un projet de loi à présenter au conseil d'État et aux pouvoirs législatifs, en vue de réforme radicale du régime actuel de la propriété littéraire. Déjà même, dit-on, une partie des membres de cette commission seraient désignés, et la publication de l'acte qui l'institue pourrait bien précéder celle du présent mémoire[1].

Les noms d'avance prononcés sont la garantie de l'excellent esprit qui di-

---

[1] Au moment où nous mettons sous presse, la composition complète de la commission n'est pas encore officiellement connue.

rigera les autres choix à faire, et je ne crois pas donner dans une illusion en pensant qu'enfin le droit littéraire aura trouvé là des protecteurs, non-seulement pleins de zèle et de lumières, comme le furent si manifestement leurs devanciers, mais qui, de plus que ceux-ci, auront l'énergie d'action de leurs convictions intimes, et ne croiront pas devoir reculer cette fois devant des préjugés, desquels d'ailleurs on peut dire aujourd'hui que la raison publique a fait justice.

Mais, si l'importance des faits que je viens de citer est considérable par elle-même, elle est rendue bien plus grande encore par un autre fait qui les a précédés et qui les domine, c'est celui de l'opinion émise personnellement par le chef de l'État en faveur du principe de perpétuité, dans des termes qui ne laissent prise à aucune équivoque, et que voici rapportés textuellement :

« Je pense que l'œuvre intellectuelle est une propriété comme une terre, « comme une maison ; qu'elle doit jouir des mêmes droits et qu'elle ne peut être « prise que pour cause d'utilité publique[1]. »

Ainsi donc, voici que le puissant esprit dans lequel se personnifie, chez nous, l'initiative des lois se vient lui-même déclarer le défenseur du principe vrai de la propriété littéraire et artistique ; voici qu'il reconnaît que le droit de l'auteur sur son œuvre équivaut à celui du propriétaire sur sa terre, sur sa maison, c'est-à-dire que cette œuvre vaut légalement ce que vaut toute autre propriété ; voici enfin qu'il témoigne de cette vérité, que la propriété littéraire ne peut être, comme toutes les autres, prise que pour cause d'utilité publique, ce qui implique l'interdiction de la prendre autrement que dans les mêmes termes et sous les mêmes conditions.

Il ne faut pas un grand effort de raisonnement pour apercevoir le rapport intime qui existe entre cette dernière manifestation et celles dont je viens de parler ; évidemment, l'une explique les autres, et l'annonce d'une codification nouvelle de la propriété littéraire est la suite naturelle, est le corollaire obligé de la pensée émanée de celui qui joint à la volonté de cette grande mesure la puissance de sa réalisation.

Jamais donc, on le voit, moment ne fut mieux choisi, jamais temps ne fut plus favorable au succès de la thèse que je vais avoir à développer tout à l'heure.

Avant d'aborder cette discussion, il est indispensable d'en bien faire connaître le terrain ; c'est le meilleur moyen d'empêcher les idées fausses de se former ou de prévaloir, et la propriété littéraire a eu trop à souffrir depuis longtemps sous ce rapport, pour qu'on ne s'efforce pas de tout faire pour prévenir un inconvénient si grave.

Je vais donc, au préalable, présenter dans les conditions de la plus succincte analyse les faits principaux qui ont amené la matière à son état présent.

---

[1] Lettre du prince Louis-Napoléon (aujourd'hui Empereur) à M. Jobard, de Bruxelles

Ces faits embrassent trois phases distinctes, quoique consécutives.

La première comprend le long temps écoulé depuis l'origine du droit littéraire jusqu'au quinzième siècle de notre ère, époque de la découverte de l'imprimerie.

La seconde s'étend de l'année 1470 jusqu'à l'année 1777, qui, comme on le verra bientôt, et par des causes que j'indiquerai, marqua une involution de principes dans la nature de l'application du droit des auteurs.

La troisième phase est celle qui, commençant à ladite année 1777 par ce notable changement législatif dans le régime de la propriété littéraire, s'étend, depuis là, jusqu'aux années 1789-93, époque de sa triste et complète transformation par les décrets de la Convention, et ensuite jusqu'à nos jours.

Je vais successivement jeter un coup d'œil rapide sur chacune de ces trois séries de faits importants.

FAITS

§ I

PREMIÈRE ÉPOQUE

SIMPLES APERÇUS SUR L'ÉTABLISSEMENT HISTORIQUE DU DROIT LITTÉRAIRE
DANS LES TEMPS ANCIENS ET JUSQU'AU MOYEN AGE

Par la merveilleuse invention de l'écriture (dont l'origine vraie reste couverte de ténèbres, en dépit de la tradition qui l'attribue à Cadmus et aux Phéniciens), les pensées de toutes sortes, filles du génie ou de l'observation, acquirent bien plus sûrement que par la simple transmission orale le moyen de passer d'âge en âge à la postérité.

Aussi, bientôt il se trouva dans chaque nation des hommes d'étude et de zèle pour la science, qui se donnèrent la noble mission de propager les idées utiles et d'augmenter la somme des connaissances humaines.

Mais dans les premiers temps de cet élan de certains esprits d'élite vers le progrès, dans ces âges de civilisation naissante, un très-grave obstacle existait à la diffusion de la pensée écrite des sages ou des érudits : c'était la difficulté des moyens de reproduction, et, par conséquent, de publicité ; deux seuls étaient à la disposition de l'auteur, la copie à la main et la récitation en public.

De ces deux moyens, le dernier ne pouvait guère, en dehors de son utilité générale, servir qu'à la satisfaction du juste amour-propre de l'auteur. Seul, le premier moyen eût pu être considéré comme favorisant son intérêt pécuniaire par la vente des copies ; toutefois, à l'égard de ce mode de reproduction de l'œuvre, on comprend sans peine quelles devaient être la lenteur et la dépense d'une semblable exécution, qui ne pouvait s'effectuer que par exemplaires isolés. Elles n'avait donc pour l'auteur qu'un profit matériel trop mince et sujet à de trop grands embarras pour qu'il en fît l'objet d'une préoccupation bien vive.

Et de fait, en remontant vers les temps anciens pour y chercher les traces du droit littéraire, l'on voit que, s'il est vrai que jamais ce droit ne fut douteux en lui-même, c'est-à-dire en ce qui se rapporte à la propriété de l'œuvre, du moins une grande incertitude existe sur tout ce qui touche son exercice utile quant à l'auteur.

Cependant il y a, disons-le, plus d'une preuve historique du profit réel que valurent à certains écrivains leur talent et leurs compositions, non par l'effet de la publication, mais par les conventions qui la précédaient.

C'est ainsi que, suivant la tradition, un grand nombre des odes de Pindare (plus de cinq cents ans avant Jésus-Christ) furent composées pour des princes qui les payaient largement. De même, un trait de la vie de Simonide, s'il est peu conforme à l'idée qu'on aime à se faire de la noblesse de cœur de l'homme de génie en raison de l'élévation de sa pensée, prouve du moins que, dès lors, le talent savait, tout aussi bien que de nos jours, se faire valoir et se faire payer.

« Anaxilas, tyran[1] de Rhégium, avait remporté aux jeux Olympiques le prix
« de la course au char attelé de mules; il demanda à Simonide une ode en
« l'honneur de sa victoire. On discuta le prix, et, comme il ne convenait pas
« au poëte, il répondit qu'il ne pouvait louer dans ses vers des DEMI-BAUDETS;
« sur quoi Anaxilas, ayant doublé la somme, le poëte s'empressa d'accepter,
« et tout à coup les demi-baudets furent transformés par lui en FILLES DES
« COURSIERS AUX PIEDS LÉGERS[2]. »

Mais il est un fait encore plus fameux dans l'histoire, d'où se peut tirer facilement la preuve que, dès les temps les plus reculés, non-seulement l'écrivain faisait ressource pour lui et de son vivant du produit de ses travaux, mais encore que l'usage et les mœurs, en l'absence de lois spéciales, respectaient, aussi bien en ses héritiers qu'en lui-même, la propriété de ses œuvres et le droit d'en faire profit. Voici à cet égard ce qu'on lit, sous la garantie des meilleurs auteurs de l'antiquité, dans le même discours dont j'ai parlé tout à l'heure (*Voir la note n° 2, au bas de cette page*) :

« MÉLÉSIGÈNE (c'était, on le sait, un surnom d'HOMÈRE), vieux, pauvre et
« aveugle, parcourait toutes les contrées de la Grèce en chantant[3], ici un

---

[1] On sait que cette expression, *tyran*, n'emportait point en général, chez les anciens, la même idée haineuse que chez nous. En Grèce surtout, elle s'appliquait aux personnages qui possédaient la souveraineté absolue, indépendamment du bon ou mauvais usage qu'ils en faisaient.

[2] J'emprunte la relation textuelle de ce trait des mœurs littéraires de la Grèce à un très-remarquable discours prononcé en 1859 par M. VINCENT, *avocat, ancien censeur des études du collége royal de Versailles*, à l'érudition profonde duquel je suis heureux de rendre ici cet hommage, que plus d'une fois ses savantes recherches m'ont valu et fourni de très-bons arguments de faits en faveur du droit littéraire.

[3] Ce qui, chez les anciens, et notamment chez les Grecs, s'appelait CHANT, n'était pas ce que les modernes entendent par cette appellation : c'était simplement une sorte de déclamation presque pareille à la nôtre; seulement elle avait quelques règles particulières où les accents et la mesure des syllabes jouaient un assez grand rôle, et, de plus, elle permettait l'accompagnement d'une basse continue, qui était fournie par un instrument à cordes (la *lyre* ou la *cithare*, lesquelles, du reste, étaient presque entièrement semblables). Il n'est pas étonnant qu'Homère ait possédé le talent de s'accompagner sur l'un ou l'autre de ces instruments.

« fragment, là un autre de ses poëmes immortels. Après lui on vit, dans l'île
« de Chio, sa patrie, un certain nombre de familles appelées Homérides, parce
« qu'elles descendaient d'Homère, exploiter l'héritage de leur aïeul et chanter
« aussi des morceaux détachés des poëmes de l'illustre auteur. C'était toute
« leur richesse, et il fallait bien qu'à défaut de loi leur privilége fût protégé et
« garanti par le sentiment public, sans quoi elles auraient eu bien des con-
« currents et auraient cessé de trouver une ressource dans ce qui serait de-
« venu l'apanage de tous. »

Je ne saurais trop recommander à l'attention et à la méditation du lecteur
ce fait historique incontestable, car il est, à lui seul, une démonstration de
la vérité que nous recherchons en fait de propriété littéraire. Mettez, en effet,
les modernes en regard d'Homère, voilà le droit personnel des auteurs établi
par tradition de l'antiquité; mettez les familles de nos écrivains en parallèle
avec les *Homérides*, voilà le principe de perpétuité et d'hérédité nous arrivant
avec la consécration des siècles [1].

Plus tard (trois cents ans environ avant l'ère vulgaire), les écrits à jamais
fameux d'Aristote, le prince, après Platon, des philosophes et des savants de
la Grèce, furent, s'il faut en croire *Strabon* et *Athénée*, légués par lui à son dis-
ciple Théophraste, qui lui-même en laissa la propriété à *Nélée*, de Scepsis, l'un
de ses élèves; des mains de celui-ci ils passèrent dans celles de ses héritiers,
qui les vendirent à un certain *Apollicon*, de Téos.

Sur le fait que je rapporte ici, l'autorité de laquelle je m'appuie est assurément l'une des plus respectables que l'on puisse invoquer : c'est, en effet, celle
d'un homme, d'un auteur de toute distinction, de savoir profond et consciencieux, d'une droiture exemplaire, d'une rare élévation de cœur et d'esprit,
relevée encore par une bienveillance, une urbanité qui lui font des amis partout, M. le duc de Caraman, en un mot; et c'est dans son excellent livre des
Études critiques de philosophie, de science et d'histoire, que je puise la citation
du fait dont s'agit [2].

Il est vrai que le digne critique, dans sa sincérité habituelle, ne l'annonce
que sous quelques réserves, mais ici ces réserves n'importent pas. On ne
peut nier, en effet, qu'il suffit à ma démonstration que, vrai ou non, ce même
fait ait été rapporté comme réel par deux auteurs aussi graves que Strabon et
Athénée, pour en conclure que, suivant eux-mêmes, le legs en question était,

puisque, suivant *Hérodote*, auteur présumé d'une vie du grand poëte de la Grèce, *Phémius*,
de Smyrne, musicien célèbre, cité dans le *Dictionnaire de musique* de J. J. Rousseau comme
l'un des plus grands maîtres de l'antiquité, avait été son beau-père et avait enseigné sa jeunesse; c'est ce même Phémius dont Homère, dans l'*Odyssée*, parle comme d'un chantre
inspiré des dieux mêmes, et qu'il représente comme charmant par le chant de ses poésies,
accompagné du son de sa lyre, les festins où s'asseyaient pendant des journées entières les pré-
tendants de Pénélope.   (*Note de l'auteur.*)

[1] Homère vivait et florissait mille ans environ avant le commencement de l'ère vulgaire,
c'est-à-dire il y a près de trois mille ans.

[2] Librairie philosophique de Ladrange, 41, rue Saint-André-des-Arts (Paris).

à leurs yeux, naturel et possible, ce qui fait preuve morale de cette vérité que, chez les Grecs, la propriété d'un livre reposait bien manifestement en la personne de son auteur, avec faculté légale de transmission par donation, vente ou succession, ainsi qu'il en était à l'égard de toute autre propriété.

Si des Grecs nous passons aux Romains, nous trouvons, en foule, des documents sérieux sur ce qui touche le droit personnel de l'auteur et la protection sociale accordée à son œuvre.

Ainsi, à Rome, le plagiat (*plagium*) était non-seulement flétri par l'opinion, mais encore puni par les lois à l'égal du vol, auquel elles l'assimilaient.

Ainsi la publication d'un écrit quelconque sans le consentement de son auteur était hautement réprouvée par l'opinion. Un passage de Cicéron, dans une de ses Lettres à Atticus, ne laisse aucun doute sur ce sentiment public à cet égard : « ..... *Dic mihi placetne tibi primùm edere injussu meo? Hocne Hermodorus quidem faciebat.* » (Hermodore était un spéculateur en librairie fort connu à Rome comme peu scrupuleux, et cependant, ainsi que le dit Cicéron, *il n'eût osé se permettre d'éditer sans le consentement de l'auteur.*)

Du reste, chez les Romains comme chez les Grecs, le seul moyen d'*éditer* l'œuvre étant, comme nous l'avons vu, la copie à la main, chez les uns, pas plus que chez les autres, n'existait, comme usage général, la coutume de faire exécuter au compte des auteurs cette reproduction, dont la nature les eût grevés de trop de soins et d'embarras.

Pourtant, quelques-uns d'entre ceux qui possédaient des esclaves faisaient faire par ceux-ci ce travail de copie, dans lequel plusieurs se distinguèrent et auquel ils durent leur affranchissement, témoin TYRANNION, pour lequel Cicéron, qui rend-hommage à sa remarquable habileté sous ce rapport, avait conçu l'affection la plus vive, et qui d'ailleurs, même après son affranchissement par *Térentia*, femme de l'illustre orateur, continua de pratiquer cet art et y acquit une célébrité augmentée encore par son mérite littéraire comme grammairien ; témoin encore *Dyonisius et Ménophilus*, qui furent, sous les ordres de Tyrannion, employés à la mise en ordre nouveau de la bibliothéque de Cicéron, à son retour d'exil, ainsi qu'il en témoigne dans une autre de ses lettres au même Atticus.

Ces esclaves *copistes* s'appelaient *scribæ librarii*, ou simplement *librarii*, et ils étaient chargés ensuite d'opérer la vente des copies dans un magasin appartenant au maître.

Mais c'était là une exception, et le plus grand nombre des auteurs se contentaient de céder le manuscrit à un spéculateur voué à ce genre d'industrie. Celui-ci, qui était appelé indifféremment *bibliographus*, *bibliopegus*, *compactor*[1], et plus communément βιβλιοπώλα, ne pouvait reproduire l'œuvre qu'en vertu d'un traité de cession passé avec l'auteur, et moyennant un prix fixé de commun accord, traité rentrant naturellement dans la classe de ceux régis par

[1] C'était habituellement une même personne qui faisait les copies, assemblait ou roulait les feuilles, les pliait, et ensuite les vendait.

la loi commune, et qui, lorsqu'il avait eu pour objet un ouvrage bien reçu du public, pouvait, suivant l'intelligence et l'activité du *bibliopole* (c'est-à-dire du libraire), lui rapporter beaucoup. C'est à ceci que fait allusion ce vers d'Horace si connu, à l'occasion d'un livre édité par les Sosies, libraires romains fort renommés du temps du poëte :

Hic meret æra liber Sosiis.

Sans doute, en présence de ces faits, l'on peut dire que le libraire avait alors la plus grande part du profit ; mais il faut reconnaître aussi qu'à lui surtout était dû le fait de la reproduction.

Cela, au reste, n'empêche pas que, dans ces temps si reculés, l'auteur n'eût sur son œuvre un droit très-réel, très-personnel, en même temps que très-légal ; sa cession était toute volontaire, et, s'il eût voulu se livrer par lui-même ou par ses esclaves, quand il en avait, aux soins de la reproduction et de la vente du livre, il en eût seul évidemment recueilli tout le profit.

Ne manquons pas de faire observer ici que c'est précisément parce qu'à Rome, pays du droit par excellence, la propriété des auteurs était considérée comme régie implicitement par la loi commune, que nulle part, dans la législation romaine, l'on ne trouve de dispositions spéciales et exceptionnelles s'appliquant à cette matière ; et c'est assurément là un des plus solides arguments que l'on puisse fournir en faveur de l'assimilation, à Rome, de cette nature de propriété à toutes les autres. Du moment, en effet, qu'on est forcé d'admettre qu'elle y était parfaitement connue et respectée, il serait par trop absurde de supposer que, si elle eût dû suivre une autre condition que celle de la propriété ordinaire, la loi ne s'en fût pas expliquée, comme elle l'a fait chez nous, par une disposition toute spéciale.

Et pourtant, de l'absence de cette même disposition certains esprits (et de très-bons encore !) ont cru pouvoir tirer la conséquence que le droit littéraire n'existait pas chez les Romains. C'est manifestement tout le contraire qu'il en fallait conclure, et la distraction ou la méprise sont trop claires pour qu'il soit nécessaire d'insister à cet égard.

Veut-on, au reste, un monument de plus de la réalité comme de l'hérédité du droit littéraire chez le peuple-roi ? On le trouvera dans ce passage du plus éminent des orateurs et professeurs publics de Rome, au premier siècle de l'ère chrétienne, QUINTILIEN ; il existe en effet, à la date de l'an 95 après Jésus-Christ, une lettre du célèbre rhéteur au libraire *Tryphonius*, dans laquelle, entretenant ce dernier de ce qui touche ce TRAITÉ DES INSTITUTIONS ORATOIRES, qui a surtout immortalisé son souvenir, il déplore la perte faite, dans le temps même où il composait ce magnifique ouvrage, d'un fils unique, objet de ses plus tendres affections et de ses espérances les plus chères. Puis, en annonçant à Tryphonius qu'il reprend ce travail longtemps interrompu par sa douleur, il ajoute « .... que le public doit lui en savoir d'autant plus de gré, que désormais son

CHER FILS N'ÉTANT PLUS LÀ, IL NE TRAVAILLE PLUS POUR LUI-MÊME, SES ÉCRITS, COMME SES BIENS, DEVANT PASSER A DES ÉTRANGERS. »

Pour bien comprendre ceci, il faut qu'on sache que Quintilien, né en Espagne (à Calahorris, aujourd'hui Calahorra, Vieille-Castille), d'où il avait été amené tout enfant à Rome, et n'ayant conservé aucune trace de sa parenté, avait, quelques années avant la mort de ce fils si tendrement aimé de lui, déjà perdu et sa femme et un second fils. Il restait donc alors seulement entouré d'étrangers, et sa succession d'ailleurs, s'il mourait intestat, devait passer au fisc[1], ainsi qu'il arrive chez nous au cas de *déshérence*, par imitation du principe consacré par la loi romaine.

Quoi qu'il en soit de cette circonstance qui explique la pensée de Quintilien à l'égard de ses biens après sa mort, n'est-il pas clair que, si son fils, en lui survivant, n'eût pas dû rester le possesseur légal de la belle œuvre dont il s'agit ici, le sentiment paternel n'eût pu trouver là un aliment à ses touchants regrets, et que les paroles citées eussent été un non-sens[2]?

Il y a toute apparence qu'en poussant plus loin les recherches, l'on arriverait à multiplier ces indices et à en faire sans grande peine un faisceau de preuves qui ne laisseraient plus de place au doute; et, en effet, le bon sens profond qui domine dans presque toutes les règles du droit romain ne permet guère de supposer que la science, l'expérience et la gravité de ses auteurs aient pu errer, comme l'ont fait malheureusement, dans un moment de préoccupation fatale, nos législateurs de 1777 et de 1793, sur la nature véritable et les justes immunités de la propriété littéraire.

Mais cette recherche purement historique ne serait, après tout, que très-secondaire à l'égard de la thèse que j'ai à développer, et le devoir de ménager le temps de mes lecteurs me détermine à briser ici sur ce point, en me hâtant d'arriver aux autres parties de l'exposé de faits qu'il me faut mettre sous leurs yeux.

---

[1] *Cum nullus est successor legitimus, fiscus bona vacantia occupat.* (Inst. de Just.)

[2] Ce trait est rapporté par plusieurs auteurs, notamment par le bon, savant et consciencieux Rollin (*Histoire ancienne*, tome XI, IIe partie).

§ II

DEUXIÈME ÉPOQUE

ÉTAT DE LA PROPRIÉTÉ LITTÉRAIRE DEPUIS LA CHUTE DE L'EMPIRE ROMAIN JUSQU'AU
QUINZIÈME SIÈCLE,
DATE DE L'INVENTION DE L'IMPRIMERIE : ET DEPUIS CE MOMENT
JUSQU'A L'ANNÉE 1777-1778.

Pendant le cours des dix siècles environ qui séparent l'antiquité proprement dite de l'âge moderne et qui ont retenu l'appellation de MOYEN AGE, on chercherait vainement un fait significatif quelconque se rattachant à notre sujet.

Et en effet, dès que, par la corruption des mœurs publiques autant peut-être que par les invasions de barbares, eurent commencé, pour la puissance romaine, les désastres immenses qui devaient en amener la fin, l'ébranlement de ce colosse, qui avait si longtemps foulé sous ses pieds le vieux monde, fut le signal d'une perturbation sans égale dans toutes ses contrées européennes et autres.

Les guerres cruelles et sanglantes qui suivirent, les luttes de conquête ou de défense, de résistance ou d'affranchissement, les troubles sociaux, religieux ou politiques, aussi bien que le laborieux enfantement d'une civilisation nouvelle fondée sur la destruction du principe de celle qui l'avait précédée, toutes ces causes, tristement exclusives de l'ordre et du calme, refoulant le goût du travail paisible et l'amour de l'étude, avaient par cela même rejeté bien loin, avaient pour ainsi dire anéanti le culte des lettres ; et, là où la production littéraire n'existait plus, les lois qui la réglementent ou la garantissent devaient naturellement n'être pas moins oubliées qu'elle.

Pourtant quelque part se conservait le feu sacré. Parmi ces hommes de paix et de méditation qui, dans le silence et l'humilité de la solitude, s'étaient consacrés à la glorification du dogme divin si douloureusement inauguré, quelques siècles en deçà, par le martyre du Rédempteur ; au fond de ces cloîtres où s'étaient réfugiées la raison et la sagesse chassées du monde par la barbarie envahissante et par les passions déchaînées[1], là, dis-je, existaient, pensaient et travaillaient quelques esprits élevés, qui, pleins de foi et de constance, n'avaient pas cessé de combattre pour la science et la vérité ; mais ces efforts, tout généreux qu'ils fussent en eux-mêmes, n'avaient alors qu'un retentissement bien

[1] La fondation première des couvents dans les Gaules remonte au quatrième siècle, et, de ce temps, date la décadence de l'empire romain.

faible, qu'un effet immédiat bien borné, vû la presque nullité des moyens de propagation ; c'était un germe et presque rien de plus, l'avenir seul pouvait le développer et lui faire porter ses fruits. D'ailleurs, ces glorieux athlètes du savoir n'étaient, en se livrant à leurs travaux, animés par aucun sentiment d'intérêt ; leur renoncement aux choses de ce monde créait en eux une abnégation complète, si ce n'est en ce qui touche l'amour du devoir. La renommée, ils ne la cherchaient pas ; l'argent, ils le dédaignaient ; le devoir de famille, ils en étaient affranchis ; les besoins de la vie, il y était pourvu en dehors de leur action personnelle. Aucune raison donc pour eux de chercher à propager leurs œuvres en vue d'un intérêt mondain quelconque, et, dès lors, aucune raison de recourir à des lois de protection et de défense de leur droit littéraire.

D'ailleurs, il est certain que si ce besoin se fût manifesté, les précédents de l'histoire eussent fait considérer, en ce temps-là, de même que dans le temps antérieur, la propriété littéraire comme régie par la loi commune, et que l'on n'eût aucunement pensé à faire des lois spéciales pour en réglementer la jouissance.

Aussi, lorsque, après les premiers siècles du moyen âge, le calme revenant sous le glorieux règne de Charlemagne, les lettres tendirent, par sa magnanime impulsion, à reprendre quelque vigueur, ne fut-il pas question non plus dans les lois si sages du grand empereur français d'Occident, dans ces capitulaires si renommés restés la base de notre droit civil, d'un statut spécial quelconque sur les droits des auteurs.

Plus tard, c'est-à-dire jusqu'aux treizième et quatorzième siècles, il en fut de même, et pourtant déjà se multipliaient les transactions littéraires. Indépendamment des règlements universitaires qui en font foi, en statuant à l'égard des actes journaliers de pratique de la librairie, laquelle était en effet dans les attributions de l'université, je puis citer en preuve, parmi d'autres et nombreux documents, un contrat notarié datant de l'année 1332, par lequel Geoffroy de Saint-Léger, libraire, « déclare avoir vendu et transporté, *sous l'hypo-*
« *thèque de ses biens et garantie de son corps même* (c'est-à-dire, suivant la
« formule du temps, la garantie civile et commerciale) à noble homme, mes-
« sire Gérard de Montaigu, avocat du roi au Parlement, un livre intitulé : Spe-
« culum historicum, seu Consuetudines parisienses, *divisé et relié en quatre tomes*
« *couverts de cuir rouge* ; et ce moyennant le prix et somme de quarante livres
« parisis, dont ledit libraire se tient pour content et payé [1]. »

[1] C'est à M. P. Séguier, avocat général au Parlement de Paris au dix-huitième siècle, digne héritier du nom du chancelier du dix-septième, que l'on doit la mise au jour de cet acte bien significatif. Ce document est extrait d'une sorte de réquisitoire de la plus haute importance dans la question de la propriété littéraire ; je veux parler du compte rendu par cet éminent magistrat devant les chambres réunies du Parlement, dans les séances des 10, 27 et 31 août 1779, au sujet des arrêts du conseil du 30 août 1777, servant de nouveaux règlements pour la librairie et l'imprimerie. Ce beau travail embrasse toute leur histoire depuis l'origine, et l'illustre rapporteur y expose, avec toute sa précision et sa magistrale

Ici, bien évidemment, soit que le libraire fût lui-même l'auteur, soit qu'il l'eût acheté de son auteur pour le revendre, ce manuscrit était considéré, des deux parts, comme propriété cessible et transmissible dans les mêmes termes et conditions que toute autre chose étant dans le commerce et dont le sort se règle par la loi commune.

Vint enfin, vers le milieu du quinzième siècle, l'invention de l'Imprimerie.

D'abord brut et imparfait encore, le procédé de Gutenberg, associé dans cette découverte avec Faust, de Mayence, ne consistait que dans l'impression à l'aide de lettres sculptées en relief sur bois, système défectueux, plein de lenteurs et d'entraves, mais précieux pourtant en ce qu'il faisait point de départ pour de grandes améliorations; et, en effet, bientôt, par l'inspiration des deux grands praticiens et sous leurs yeux, l'un de leurs élèves, Pierre Schœffer, découvrit le moyen d'employer pour l'impression les caractères mobiles en fonte; ce service capital lui valut le titre de gendre de Guttenberg et d'associé dans l'entreprise.

A partir de ce moment, l'art, nous pourrions dire le miracle de l'imprimerie, fut réalisé dans presque toutes ses conditions d'exactitude, de célérité, de multiplicité des reproductions presqu'instantanées de l'œuvre manuscrite.

Dire miracle, c'est rester dans la vérité historique, car, aux premiers temps de l'apparition d'exemplaires imprimés, quoique ce fussent ceux de la Bible, une partie du public si crédule et si peu lettré de l'époque prétendit que telle chose ne pouvait être qu'œuvre de magie et de ténèbres. Mais, bientôt, le procédé mieux connu prit, sans cesser de paraître admirable, un carac-

autorité, les principes qui ont toujours régi en France la propriété littéraire jusqu'aux arrêts susdits.

Bientôt j'aurai à invoquer cette toute-puissante opinion pour appuyer la thèse que je me suis donné mission de soutenir; mais, dès à présent, je dois dire que l'honneur de mes citations, et de l'aide qu'elles apportent à la cause que je défends, revient tout entier aux esprits distingués autant que zélés qui ont mis au grand jour de la publicité présente le travail de M. Séguier, MM. les fondateurs du Comité de défense de la propriété littéraire, organisé, il y a une année environ, sous la présidence de M. L. Hachette, desquels les noms suivent; savoir :

MM. Édouard Laboulaye.	MM. Saintine.
Louis Alloury.	Colombier.
Étienne Blanc.	Auguste Bohm.
Georges Guiffrey.	Jules Simon.
Louis Hachette.	Auguste Vitu.

Le rapport de M. Séguier fait partie d'une publication considérable faite récemment sous les auspices de ce comité, dans laquelle se trouvent une foule d'autres pièces pleines d'intérêt, enfouies jusqu'ici dans la poussière des archives, et que la courageuse patience des hommes si honorables que je viens de nommer, MM. Laboulaye et Guiffrey en tête, a exhumées de ces sortes d'oubliettes administratives, pour éclairer, à beaucoup d'égards, de son vrai jour la question de la propriété intellectuelle.

Ce recueil a paru sous le titre de la Propriété littéraire au dix-huitième siècle, à la librairie de M. L. Hachette, et celui-ci a puissamment concouru à son émission, dont il a, du reste généreusement assumé sur lui les charges pécuniaires. Le principe de la perpétuité du droit trouve un appui des plus solides dans la plupart des pièces produites, et l'on doit considérer cette publication comme l'un des services les plus marquants rendus à la cause.

tère moins fantastique, et lorsque la ville de Mayence, où se trouvait l'établissement des trois associés, fut, en 1462, prise par Adolphe de Nassau, et eut, par suite, perdu tous ses priviléges de ville impériale, les nombreux ouvriers de Faust et Schœffer, chassés et dispersés par cette révolution, portèrent ailleurs les procédés du maître. Les établissements d'imprimerie se multiplièrent, et la pratique de l'art devient bientôt presque vulgaire.

Toutefois, longtemps encore, les reproductions par l'impression s'appliquèrent à peu près exclusivement aux manuscrits d'œuvres provenant de l'antiquité hébraïque, grecque ou romaine, soit livres saints, soit œuvres des Pères de l'Église, soit poëmes ou traités en prose des auteurs fameux du même temps.

Jusque-là, l'imprimerie ne s'était révélée que par des bienfaits publics, que par des résultats de progrès sage et utile, ce qui faisait dire au roi de France Louis XII, dans la déclaration de Blois, du 3 avril 1513, citée par Séguier : « Confirmons ..... les libertés, franchises, exemptions et immunités « de l'Université de Paris et des libraires ......, *par la considération du grand* « *bien qui est advenu en notre royaume au moyen de l'art et science de l'im-* « *pression,* L'INVENTION DE LAQUELLE SEMBLE ÊTRE PLUS DIVINE QU'HUMAINE. »

On peut voir par là combien le sage et bon roi auquel la reconnaissance publique décerna le beau nom de PÈRE DU PEUPLE, que lui a conservé l'histoire, était loin, toutefois, du préjugé populaire qui d'abord envisagea l'imprimerie comme une invention de l'enfer.

« Depuis cette époque, ajoute Séguier, les rois de France, successeurs de « Louis XII, ont pensé comme lui, et ont maintenu les imprimeurs dans les « priviléges qui leur avaient été accordés dès l'origine, lesquels avaient pour « but d'encourager, étendre et perfectionner l'art de la typographie. »

Mais avec le temps vint, suivant une triste loi de la nature humaine, la dégénérescence du bien : après le bon usage vint l'abus nuisible

« ... Les imprimeries, dit encore l'illustre magistrat, les imprimeries se « multipliaient ; les imprimeurs se rencontraient dans le choix des ouvrages ; « la contrefaçon prit naissance ; la concurrence des éditeurs, en multipliant « les exemplaires d'une même œuvre, en fit tomber le débit ; les plus fameux « imprimeurs se virent sur le point d'être accablés ; plusieurs furent ruinés, « et l'on n'osait plus, au commencement du seizième siècle, former une en- « treprise qui demande des sommes considérables. »

« Cet état de choses, si menaçant pour la perfection de l'art, exigeait un « prompt remède, et, pour prévenir l'anéantissement de l'imprimerie, on fut « obligé d'avoir recours à l'autorité royale. On demanda au souverain le pri- « vilége d'imprimer tel ou tel ouvrage et la défense à tous autres de la repro- « duire.

« Ce fut le savant ÉRASME qui, le premier, paraît-il, imagina de recourir au

« prince. Il en donna l'idée en faveur de JEAN FROBEN, dans une lettre datée
« de Bâle, le 28 janvier 1582, adressée à BILIBALDUS PIRCKHEYMER.

« Cette idée fut adoptée, et lorsqu'il s'agissait d'un ouvrage dont l'im-
« pression exigeait de grandes avances, on s'adressait à tous les souverains.
« Il existe encore des livres anciens où l'on trouve des privilèges du pape,
« de l'empereur, du roi de France, du roi d'Espagne et autres princes de
« l'Europe. »

Là s'aperçoit, pour le remarquer en passant, le premier germe de ce droit
international qui, de nos jours, et par une initiative dont la France a eu l'honneur partagé avec le Danemark tend à prendre, en matière littéraire, une
place si légitime dans le code européen ; et de plus, on y verra, si l'on veut
être impartial, la preuve que, loin de vouloir entraver les bienfaits de la presse,
les souverains de ce temps se plurent à lui accorder un appui aussi intelligent
que généreux.

Sans contester ce que le progrès à cette époque de renaissance des lettres et
des arts dut aux publications multipliées des chefs-d'œuvre de l'antiquité, il est
permis de dire toutefois que là n'était pas le rôle le plus important à jouer
par l'invention nouvelle sur le grand théâtre du monde et dans l'œuvre de la
civilisation progressive à laquelle tendaient tous les bons esprits.

De fait, après ces premières applications, qu'on pourrait appeler sinon l'en-
fance du moins l'adolescence de l'art typographique, vint son âge de virilité :
Les hommes à grande érudition, à idées avancées, n'avaient pu voir la facilité
avec laquelle désormais avait lieu la multiplication des livres anciens, sans se
sentir provoqués à entrer eux-mêmes dans ce mouvement par la mise au jour
de leurs propres inspirations ou de leur science acquise, et, bientôt, nombre
d'écrits émanés des nationaux furent livrés au public en concurrence avec
ceux des auteurs hébreux, grecs, romains ou autres.

Or, le bon sens dit que ceux de ces écrivains qui ne prenaient pas le parti
de se décharger sur un libraire du soin d'éditer leur œuvre en la lui vendant,
durent nécessairement, en s'en faisant eux-mêmes éditeurs, recueillir le profit
entier et successif de la vente des exemplaires au public, sauf bien entendu le
prix d'impression et la remise du libraire. Pourtant, il ne fut pas sans exemples
que certains d'entre eux abandonnassent le profit en échange de l'avantage qu'ils
trouvaient à voir mettre l'œuvre au jour sans aucun soin quelconque de leur
part, et aussi sans chance de perte, car il pouvait arriver, surtout dans ces
temps de rareté de lecteurs, que la vente ne couvrît pas la dépense et l'auteur
pouvait fort bien répugner à courir cette chance.

C'est ce qui résulte clairement de ce passage de l'exposé de M. l'avocat général Séguier :

« ... Les uns (il parle des auteurs) se contentaient de mettre au jour leurs
« productions en en abandonnant le profit à l'imprimeur ; les autres étaient
« satisfaits du prix qu'ils avaient reçu de leur manuscrit. »

Au demeurant, très-peu importe de savoir comment alors les auteurs tiraient parti de leur droit de propriété : ce qui est essentiel à savoir et à constater, c'est, d'une part, que personne n'eut l'idée de le leur contester, et d'une autre part, que la loi était restée parfaitement muette sur ce point, l'auteur, l'œuvre et la faculté d'en tirer profit étant manifestement considérés comme soumis à l'application du droit commun.

C'est encore ce que déclare M. Seguier dans cet autre passage où, parlant des priviléges en librairie qui garantissaient au libraire, comme on l'a vu plus haut, la jouissance exclusive du droit de reproduction d'un ouvrage des anciens, il ajoute :

« Quand le temps de la durée d'un privilége était expiré, le livre devenait « commun parce qu'il était commun avant l'obtention du privilége ; la grâce « n'avait fait que suspendre la liberté générale. *Mais cette liberté ne pouvait* « *être réclamée pour un* ouvrage nouveau. Il n'avait jamais été commun. »

« Dans le dix-septième siècle (continue l'avocat général), on commençait à « sentir le droit de propriété des auteurs : on le reconnut quelquefois, surtout « lorsqu'ils le réclamèrent. »

Et ailleurs : « …Toutes les lois ont supposé cette propriété, *mais aucune ne* « *l'a consacrée.* »

A ce propos et sur cette déclaration de M. l'avocat général, faisons observer, en passant, qu'à notre sens cela se conçoit d'autant mieux que cette consécration était superflue, puisque la matière était régie par la loi générale, ce qui excluait l'utilité d'une loi spéciale et ce qui fait le procès des arrêts de 1777 et de la loi de 1793, dont nous allons avoir bientôt à parler.

Aujourd'hui même, qu'on le remarque bien, ce n'est pas pour faire reconnaître la propriété littéraire par une loi *ad hoc* que nous combattons, c'est au contraire pour faire tomber la loi spéciale qui fait illégitime obstacle à l'application du droit commun à cette nature de propriété. Que l'exception disparaisse, et la règle générale sera là pour reprendre son empire sur la pratique du droit littéraire et régir toutes ses applications, du moment où la loi nouvelle se sera clairement expliquée sur la pleine et entière rentrée en jouissance par les auteurs et leurs familles du droit de propriété de leurs œuvres et de toutes ses conséquences légales. Tout au plus faudra-t-il, à raison de la nature complexe du droit littéraire, ainsi que nous aurons bientôt l'occasion de l'expliquer, recourir à quelque mesure spéciale pour l'application simultanée du principe de protection de l'intérêt public lorsqu'il se trouve en concours avec le droit des auteurs sur leurs œuvres ; mais c'est sous ce rapport seul que se fera sentir le besoin d'une réglementation, et non pas sous le rapport de la jouissance de la propriété littéraire et artistique considérée en elle-même.

Quoi qu'il en soit, vint un moment où l'imprimerie ayant pris un développement considérable et le nombre des livres nouveaux se multipliant à l'infini, les graves inconvénients presque inséparables de l'usage de la liberté de la presse se firent plus vivement sentir. CETTE LIBERTÉ ÉTAIT ALORS SANS LIMITES. On reconnut la nécessité de pourvoir aux dangers de ses abus, et l'autorité dut en faire l'objet de sa préoccupation.

Voici ce qu'on lit à ce sujet dans le compte rendu au Parlement par M. P. Séguier :

« ...*Dans l'origine, on* POUVAIT IMPRIMER LIBREMENT TOUTES SORTES D'OUVRAGES, « MÊME SANS PERMISSION. On reconnut bientôt le danger de cette liberté illimitée. « Les livres de religion furent assujettis à un examen de la Faculté... On « astreignit les libraires et les imprimeurs à mettre leurs noms et celui des « auteurs en tête des livres... Nous ne voyons encore rien de particulier sur « les priviléges. *Il n'y avait encore jusque-là aucune loi qui astreignît, soit les* « *auteurs, soit les imprimeurs, à obtenir un privilége.*

« ...Le premier réglement qui se présente sous ce rapport est un arrêt de « la Cour (Parlement), en date du 18 août 1561... *qui défend d'imprimer* « *aucun ouvrage sans permission du Roi ou du Parlement.*

« Le gouvernement ne tarda pas à adopter une mesure aussi sage, et comme « les libelles se multipliaient à l'infini, on ajouta les peines les plus sévères « pour réprimer ces abus. Cette loi est la déclaration donnée à Mantes le « 10 septembre 1563. Elle a deux objets : l'un d'empêcher l'impression de « tout libelle diffamatoire, l'autre de défendre d'imprimer sans visite préa-« lable et sans avoir obtenu un privilège. »

La loi dont il s'agit portait des peines d'une sévérité excessive contre les délinquants, mais ces peines furent fort atténuées par la déclaration ou ordonnance de Moulins, rendue trois ans après (1566) sur la demande des Etats, et restée seule en vigueur : c'est elle qui prescrivit d'imprimer le privilége à la fin du livre mis en vente.

Toutefois, en 1626, un nouvel édit vint faire revivre les dispositions pénales de l'ordonnance de 1563, mais elles tombèrent avec lui promptement en désuétude.

Il est manifeste, et le préambule de ces divers actes législatifs ne permet pas un seul doute à cet égard, qu'elles avaient uniquement en vue la police d'État envers l'imprimerie et la librairie, au point de vue de l'ordre et des mœurs, aussi bien que de la prospérité de l'art typographique lui-même, mais que pour ce qui touchait le droit de propriété des auteurs, les ordonnances n'avaient nullement entendu les atteindre.

C'est ce que reconnaît très-formellement M. l'avocat général Séguier.

« *Ces lois nouvelles* (dit-il dans le même compte rendu) *ne touchaient en* « *rien à la propriété des auteurs;* il n'y était même pas question de la durée « des priviléges et de leur continuation.

« ...Cependant, la question de propriété s'éleva avec plus de force et le

« gouvernement commença à y donner une véritable attention. *Il paraît même*
« *qu'on respecta cette propriété jusque dans la personne des étrangers.*

« Le cardinal Bentivoglio avait composé l'HISTOIRE DES GUERRES DES FLANDRES.
« Quinet, libraire à Paris, voulut l'imprimer à l'insu de l'auteur... Il obtint
« un privilège en la chancellerie du palais... Le cardinal, sans doute, se
« plaignit, et, par arrêt du Conseil, du 16 janvier 1655, le privilège fut révo-
« qué, avec défense à Quinet de vendre l'ouvrage sans le consentement du
« cardinal Bentivoglio et sans un privilège de la grande chancellerie.

« Il est impossible de ne pas faire attention à ces mots : Sans le consente-
« ment du cardinal Bentivoglio. Ce n'est pas sans doute sa qualité de cardinal
« qui lui fit obtenir cette défense parce qu'il était étranger, *c'est sa qualité*
« *d'auteur et de propriétaire de l'ouvrage qu'on crut devoir respecter.* »

D'autres édits suivirent, soit renouvelant, soit modifiant les dispositions des
précédents. Ce furent les édits de 1649, 1665, l'arrêt en forme de règlement
de 1665, l'édit d'août 1686, les lettres-patentes du 16 octobre 1701 et le
règlement général de 1723, étendu à tout le royaume en 1744.

Ce dernier acte de la puissance législative de l'époque resta en vigueur
jusqu'en 1777, et pendant tout cet intervalle, en même temps que s'appli-
quaient aux faits et actes de l'imprimerie et de la librairie les dispositions
réglementaires relatives aux privilèges, les auteurs continuaient à jouir paisiblement de leur droit de propriété, soit en vendant aux libraires leurs ouvrages,
dont ceux-ci devenaient alors propriétaires en leur lieu et place, soit en obte-
nant la permission de les faire imprimer à leur compte personnel, par tel
imprimeur qu'il leur plaisait de choisir, et en se faisant délivrer des continuations de privilège après l'expiration du premier.

C'est à cette même année 1777 que se reporte la date d'un nouveau monument de législation qui a été le point de départ d'une phase, nouvelle aussi,
dans l'enchaînement des faits relatifs à la propriété littéraire et qui caractérise
la troisième des divisions ci-dessus établies.

Nous passons donc à cette autre série de faits.

§ III

TROISIÈME ÉPOQUE

DE L'ANNÉE 1777 A L'ANNÉE 1793; ET DE LA JUSQU'A NOS JOURS.

Nous venons de voir que jusqu'en 1777, la propriété littéraire en France
avait été considérée comme étant dans le droit commun par cela même

qu'aucune législation ou réglementation spéciale n'était intervenue pour en soumettre les effets à un régime autre que celui de la propriété ordinaire.

Effectivement, il demeure bien avéré, bien manifeste, que l'établissement de ce qu'on appelait alors le PRIVILÉGE EN LIBRAIRIE n'avait eu pour but que ces deux résultats : d'abord, sauvegarder le commerce de l'imprimerie et de la librairie contre les abus de la concurrence illégale ou les fraudes de la contrefaçon ; et ensuite garantir l'État et le public contre les entreprises de l'esprit de désordre ou d'immoralité. Que là se bornait la conséquence du privilége, et que, spécialement quant au droit de propriété des auteurs, il n'avait subi ni pu subir aucune atteinte par cette législation préventive de police d'État.

Si l'on en excepte quelques rares circonstances dans lesquelles une certaine hésitation se fit jour, il est certain qu'en thèse générale et dans la presque universalité des cas, le droit littéraire ne cessa de s'appliquer sous les auspices de la loi commune.

Mais voici qu'après cette longue et paisible possession, la propriété littéraire, tout en recevant de l'autorité souveraine une sanction, une consécration écrite et solennelle (dont au reste la nécessité était fort contestable), va se trouver amenée à des conditions d'existence nouvelle, qui, d'une part, dénatureront son essence même en altérant sa source ; et, d'une autre part, entraveront sa liberté par la limitation arbitraire de l'une de ses prérogatives les plus substantielles.

Je m'explique :

À la suite de débats violents et prolongés entre la corporation des imprimeurs et libraires de Paris et les imprimeurs-libraires de la province, sur ce qui touchait la prétention de ceux-ci de reproduire les ouvrages édités par les premiers en vertu de leur privilége, lorsque arrivait l'expiration du temps pour lequel ce privilége avait été accordé, encore bien que le droit de l'auteur eût été acheté par le libraire de Paris, le gouvernement ne pensa pas (et en cela il tombait dans une grande erreur) qu'il lui fût possible de résoudre par les réglements existants les questions nées de ces interminables querelles. Il s'arrêta donc à l'idée d'un complet remaniement de la législation de l'imprimerie et de la librairie, et six ARRÊTS DU CONSEIL rendus à une même date (30 août 1777) intervinrent pour réglementer à nouveau, dans toutes ses parties, cet important service public.

La totalité des matières que contiennent les quatre premiers arrêts se rapportant exclusivement aux choses de l'imprimerie et de la librairie, je m'abstiens d'entrer dans leur examen. Quant au cinquième, qui touche à la question de la propriété littéraire, à raison de ses dispositions sur les priviléges je vais avoir à m'en occuper ci-après : mais je laisserai pareillement de côté le sixième et dernier, tout entier relatif à la contrefaçon, matière qui ne rentre pas dans le cadre de ma discussion actuelle.

Je ne parlerai ici que pour ordre d'un septième édit intervenu l'année suivante (30 juillet 1778), en apparence pour expliquer le cinquième arrêt, mais

qu'on pourrait croire causé en réalité par le désir d'atténuer, sous un certain
rapport, le mauvais effet produit par celui-ci. Cet édit porte « que tout auteur
« qui aura obtenu en son nom le privilége de son ouvrage, non-seulement aura
« le droit de le faire vendre chez lui, mais il pourra encore, autant de fois
« qu'il le voudra, faire imprimer pour son compte son ouvrage par tel impri-
« meur, et le faire vendre aussi par tel libraire qu'il aura choisi. »

Mais comme ces dispositions, tout en donnant plus d'étendue aux droits de
l'auteur que n'en comportaient les précédentes, n'impliquaient pas retour sur
le principe presque destructeur, comme on le va voir, du droit de propriété,
cette concession fut considérée comme à peu près insignifiante, et le mécon-
tentement général n'en fut nullement calmé.

Pour ce qui concerne spécialement et exclusivement ce cinquième arrêt
qui seul nous doit occuper, j'extrais littéralement l'analyse de cette pièce importante de l'exposé officiel fait par M. Desprémenil, membre du Parlement de
Paris, devant toutes les Chambres assemblées, à l'audience du 5 avril 1779 :
(Le Parlement, à défaut de réquisition d'enregistrement, avait cru devoir, prenant l'initiative, évoquer la connaissance des édits, desquels le texte était à ce
moment même sous ses yeux.)

« ..... Me voici, dit M. le conseiller, parvenu aux deux derniers arrêts con-
« cernant la librairie, à ceux qui paraissent combattre le plus ouvertement les
« droits des libraires, des auteurs, du public, la loi, le sens intime. L'un
« porte réglement sur la durée des priviléges du libraire...

« Le préambule pose en principe :

« Que le privilége du libraire est une grâce fondée en justice, qui est la ré-
« compense du travail de l'auteur ou l'indemnité des fonds du libraire;

« Que ces priviléges, différents par leurs motifs, doivent l'être dans leur
« durée;

« Que l'auteur a des droits plus étendus, et que ceux du libraire sont pro-
« portionnés au montant de ses avances et à l'importance de son entreprise;

« Que la perfection de l'ouvrage exige que le privilége du libraire dure au-
« tant que la vie de l'auteur;

« Qu'accorder un plus long terme, ce serait convertir une jouissance de grâce
« en une propriété de droit, rendre un libraire seul arbitre à toujours du prix
« d'un livre et refuser aux libraires des provinces un moyen légitime d'em-
« ployer leurs presses;

« Que, pour les libraires, une jouissance limitée, mais certaine, est préfé-
« rable à une jouissance illimitée, mais illusoire. Pour le public, les livres tom-
« beront à une valeur proportionnée à ses facultés; pour les gens de lettres,
« ils pourront, après un temps donné, acquérir, par des notes et des com-
« mentaires sur un auteur, le droit incontestable de faire imprimer le texte;

« Et qu'enfin le commerce en aura plus d'activité et les imprimeurs plus
« d'émulation.

« Fondé sur ces principes, l'arrêt que je défère à la Cour, après avoir éta-
« bli dans l'article 1er la nécessité d'un privilége pour imprimer ou faire im-
« primer les livres nouveaux, défend, par le second article, de solliciter la con-
« tinuation du privilége, à moins que le livre ne soit augmenté d'un quart, et,
« dans ce cas, le même article réserve la faculté d'accorder à d'autres la per-
« mission d'imprimer l'ancienne édition non augmentée.

« Par le troisième article, on déclare que les priviléges, à l'avenir, ne pour-
« ront être d'une durée moindre de dix ans; par le quatrième, que le privi-
« lége aura lieu non-seulement pour le temps exprimé, mais encore pendant
« la vie de l'auteur, s'il survit à l'expiration; par le cinquième, que tout au-
« teur muni d'un privilége pourra vendre son ouvrage chez lui; QU'IL JOUIRA,
« LUI ET SES HOIRS, A PERPÉTUITÉ, DU PRIVILÉGE QU'IL N'AURA PAS RÉTROCÉDÉ A UN LI-
« BRAIRE, mais que tout privilége ainsi rétrocédé sera réduit à la vie de l'auteur
« par le seul fait de la cession. »

(Les articles 6, 7, 8, 9, 10, 11, 12 et 13 ne contenant que des dispositions
réglementaires en dehors de l'objet qui nous occupe, j'en passe l'exposé.)

Ensuite de cette analyse, M. d'Eprémenil entre dans l'examen des plaintes
très-vives élevées par les auteurs et les libraires contre la teneur des deux arrêts, et ne dissimule rien de l'impression fâcheuse qu'ont produite sur son esprit les mesures qu'avait cru devoir adopter le pouvoir dont relevaient l'imprimerie et la librairie.

On remarque dans cet exposé, qui tire une grande importance de la solennité des circonstances dans lesquelles il fut fait, un aperçu de doctrine sur la
nature des priviléges en librairie qu'il est à propos de mettre ici sous les yeux
du lecteur.

« ..... En effet, dit M. d'Eprémenil, *on a toujours pensé* QUE LA PERMISSION
« D'IMPRIMER UN OUVRAGE NOUVEAU NE CRÉAIT PAS LA PROPRIÉTÉ, MAIS LA SUPPOSAIT, et
« que le *privilége uni à la permission n'était* QU'UNE SAUVEGARDE DE LA PRO-
« PRIÉTÉ. »

Le Parlement ayant, par suite de la réquisition de l'honorable conseiller,
ordonné que toutes les pièces produites seraient remises aux mains des gens
du roi pour lui en rendre compte, c'est ce compte qui, comme nous l'avons
vu, fut présenté par M. l'avocat général Séguier, au nom du parquet, dans les
audiences subséquentes.

J'ai rapporté déjà quelques-unes des opinions par lui émises sur l'origine, la
nature et l'étendue du droit de propriété littéraire.

Qu'il me soit permis de compléter mes citations par quelques autres
extraits textuels du même rapport. La haute autorité qui s'attache aux paroles
de l'illustre magistrat du parquet fait de chacune de ces remarques, fruits
de sa science et de sa sagacité, autant de points de repère d'un grand secours
dans la discussion des questions nées du droit dont il s'agit.

Après avoir présenté l'analyse des deux derniers arrêts, M. l'avocat généra.
a ajouté : « En rapprochant ce nouveau règlement des anciens, nous trou-
« vons que c'est la première fois qu'il est parlé du droit des auteurs et des
« droits de leur postérité. *La propriété y est entièrement reconnue, tant*
« *dans la personne de l'auteur que dans la personne de ses héritiers;* et cette
« propriété paraît si évidente, qu'on permet à l'auteur de vendre chez lui son
« ouvrage, faculté qui dérive du droit naturel, faculté jusqu'alors inconnue
« dans tous les règlements publics.

« Après avoir ainsi reconnu le droit sacré de la propriété, *on le dénature,*
« *on l'affaiblit, on le restreint, lorsque l'auteur juge à propos de céder son*
« *privilège.* Le cessionnaire de l'auteur ne pourra jouir que pendant dix années,
« et l'ouvrage deviendra commun à l'expiration du privilège.

« . . . . . *Suivant les anciens règlements, les continuations de privilège*
« *étaient adoptées comme une continuation de la propriété.* »

Et ailleurs :

« . . . . . Les continuations de privilège n'étaient pas seulement de pure
« tolérance, elles étaient aussi de justice. Il est difficile, en effet, de se per-
« suader qu'en imposant la nécessité d'obtenir un privilège ou une simple
« permission, nos rois aient entendu dépouiller un auteur de la propriété
« d'un ouvrage dont il était créateur.

« Cette propriété peut être envisagée sous deux aspects différents : ou dans
« la main de l'auteur, ou dans la main du libraire. *Dans la main de l'auteur,*
« *elle est incontestable, elle n'est pas même contestée; disons mieux, elle*
« *est reconnue, elle est consacrée aujourd'hui, et l'auteur a droit de jouir de*
« *son ouvrage, lui et toute sa descendance, ses héritiers ou ayans cause,* tant
« qu'ils ne se sont point dessaisis du manuscrit et qu'ils n'ont point cédé la
« propriété.

« Dans la main de l'imprimeur, cette propriété n'est-elle plus la même?
« Et parce que le libraire n'est point l'auteur, ne peut-il pas devenir le pro-
« priétaire de l'ouvrage? Est-il en la puissance du souverain d'enlever à un
« de ses sujets une chose qui lui a été donnée ou qu'il a acquise à prix d'ar-
« gent? »

Et ailleurs encore :

« . . . . . *Le privilège que le roi accorde est un acte de protection;* l'ap-
« probation est un acte de police; MAIS NI L'UN NI L'AUTRE NE PEUT CHANGER LA
« NATURE DE LA PROPRIÉTÉ.

« . . . . . *Avant l'usage des privilèges, l'autorité n'a jamais prétendu avoir*
« *aucun autre droit sur les productions de l'esprit, que celui de l'inspection.*
« *Les gens de lettres sont donc restés après qu'on eut introduit les privilèges,*
« *propriétaires de leurs manuscrits, de même qu'ils l'étaient avant l'établis-*
« *sement.* »

En même temps que je rapporte dans toute leur fidélité textuelle ces paroles de M. l'avocat général, la vérité veut que je dise qu'il ne semble les prononcer qu'à titre de rapporteur des arguments opposés aux arrêts par les libraires qui s'étaient fait les défenseurs de la propriété littéraire attaquée en leurs personnes, comme détenteurs et cessionnaires des droits de divers auteurs. Mais, aussi, à la vigueur de cette analyse, si on la met en regard de la pâle réponse qu'il y fait, un peu plus loin, en sa qualité de membre du parquet, obligé par son devoir de défendre les arrêts susdits, on voit bien clairement que toutes ses sympathies secrètes sont pour la cause du droit absolu de propriété. On voit que, mis évidemment mal à l'aise par ses convictions intimes dans l'accomplissement de sa mission extérieure, il désire, il espère bien moins, au fond, le succès que la défaite, et qu'il est de cœur avec les adversaires des arrêts. Cela est d'autant plus visible, qu'il n'est pas un des arguments des défenseurs du droit des auteurs qui ne soit en harmonie avec les idées et les principes que lui-même il a émis parlant alors de son chef et exprimant sa propre pensée sur les faits historiques dont il fait un si merveilleux résumé.

Cette fausse situation du magistrat du parquet n'a point échappé à la sagacité des habiles commentateurs de son rapport, MM. Édouard Laboulaye et Georges Guiffrey. Ce dernier, dans l'une des principales notices publiées au recueil dont j'ai parlé plus haut, fait ressortir avec autant de clarté que de talent « les contradictions dans lesquelles le conduisent, dit-il, les exigences « de sa position, » et ce m'est un devoir autant qu'un plaisir de renvoyer, pour l'édification des lecteurs sur ce point, au recueil en question (pages 450 et 460).

Au reste, plus sont palpables les contradictions dont il s'agit en cette partie si épineuse du travail de l'éminent magistrat, plus on doit accorder de créance et de valeur aux raisons qu'il a déduites précédemment en faveur de la thèse de perpétuité du droit littéraire.

Quoi qu'il en soit, ainsi qu'on l'a vu tout à l'heure, les édits de 1777 venaient intervertir fondamentalement l'ordre d'idées sur lequel ce même droit avait reposé jusque-là, et un nouveau principe était introduisé, qui, s'il n'abolissait pas cette propriété dans ses effets matériels, tendait manifestement à son annihilation morale, puisque, de droit absolu existant légalement par sa propre force, les édits la transformaient en un droit gracieux dépendant de l'arbitraire du pouvoir.

Aussi, à l'instant même d'universelles clameurs s'étaient-elles élevées contre cette subversion législative; et ce furent ces réclamations, vives autant qu'amères, faites de toutes parts, qui, comme nous venons de le dire, émurent le parlement de Paris au point de le déterminer, après deux années environ de mutisme opiniâtre de la part du pouvoir, à évoquer la matière.

Dans la lutte ardente qui avait précédé cette évocation, la presse n'avait pas manqué à se faire l'écho des plaintes de la littérature et de la librairie.

Nombre de factums, pleins de force et de sens, avaient été publiés; mais le barreau surtout était intervenu pour la défense du droit de propriété littéraire, tel que l'avait fait la possession séculaire des auteurs; et l'élite des avocats du temps s'était empressée de se vouer à cette grande cause. On doit citer en tête les noms si notables de Cochu, Potuein, d'Héricourt, Lanouet, et ceux, fort recommandables aussi quoique moins célèbres, de *Lalanne, Moriceau, Huart-Duparc, Moreau de Vorme, Despaulx, Brienne, Rigault, Blondel*, etc. Tous s'étaient accordés, dans des consultations isolées ou collectives à voir dans le droit de propriété littéraire « LE PLUS SACRÉ, LE PLUS IN-VIOLABLE DE TOUS LES DROITS. »

Comme ces consultations ont été remises au jour tout récemment par les soins et le zèle du Comité français de défense de la propriété littéraire, dont j'ai déjà parlé (pages 19 et 20), et que chacun peut s'y reporter, je ne reproduirai ici que quelques mots des professions de principes qui s'y trouvent, et qui, par leur vérité profonde, par leur lucidité parfaite, méritent de se placer sur le même rang que celles tout à l'heure extraites des réquisitoires des deux éminents magistrats du parlement de Paris, dont j'ai eu à faire connaître l'intervention officielle dans la question.

Ainsi, dans une consultation de Mᵉ Cochu, formulée en requête au roi, voici comme il s'explique sur le principe même de la propriété littéraire :

« *S'il y a une propriété sacrée, évidente, incontestable, c'est sans doute « celle des auteurs sur leurs ouvrages. Les productions littéraires sont le fruit « de leurs veilles; ce sont eux qui leur ont donné l'être; ils en sont les créa-« teurs; ce sont les enfants de leur talent. Ils y ont donc encore plus de droits « que l'on n'en a sur les domaines acquis par les voies ordinaires, et les pro-« duits qu'ils peuvent rapporter leur appartiennent aussi exclusivement que la « gloire de leurs compositions et de leurs succès.*

« *Cette vérité est tellement inattaquable, que l'arrêt du 30 août dernier lui « rend hommage, en admettant* LA PERPÉTUITÉ *du privilège dans la personne de « l'auteur et de ses hoirs.* »

Quant à la nature du privilège en librairie, voici, à cet égard, la définition pleine de sens qu'en donne Cochu; je crois devoir la reproduire tout entière, parce qu'elle est manifestement l'expression la plus nette et la plus vraie de cette mesure législative et gouvernementale dont le principe, sainement entendu, est la sanction la plus éclatante du droit de propriété des œuvres de l'esprit, bien loin d'en être, ainsi que certains l'ont prétendu, la négation implicite :

« *Le privilège en librairie est une permission exclusive d'imprimer et de « débiter un ouvrage. Il présente donc deux idées et il produit deux effets qu'il « ne faut pas confondre, parce qu'ils ont des motifs et un objet différents, la « permission d'imprimer et la défense de concurrence.*

« La nécessité de a permission n'est fondée que sur l'intérêt public. Dans
« les premiers temps après l'invention de l'imprimerie, il était libre aux au-
« teurs et aux imprimeurs qui avaient acquis leurs ouvrages de les rendre pu-
« blics sans avoir besoin de se munir d'une permission particulière ; mais la
« liberté absolue de la presse produisit bientôt des abus inévitables : des livres
« licencieux se répandirent, la corruption des mœurs et mille autres dangers
« pouvaient en être la suite ; ce fut pour les prévenir que les lois du royaume
« défendirent l'impression de tout ouvrage sans une permission expresse scel-
« lée du grand sceau. Mais cette permission n'était et n'a jamais été relative
« qu'à l'ordre public ; elle a pour objet unique d'un côté d'avertir le lecteur
« que l'ouvrage ne contient rien qui soit contraire aux bonnes mœurs, à la re-
« ligion ou aux principes du gouvernement, et, de l'autre, de mettre l'impri-
« meur à couvert contre toutes recherches.

« Tel fut, ainsi que l'exprime l'édit de 1557, le seul motif de la prohibition
« qu'il introduisit.

« Il n'en est pas de même de la défense relative à la concurrence, qui forme
« l'autre partie du privilége : celle-ci n'a pour motif que l'intérêt de l'impé-
« trant ; son objet est d'empêcher que les tiers ne s'approprient le bien d'au-
« trui et que l'auteur ou le libraire qui a entrepris l'édition ne soient exposés
« à des pertes considérables, souvent même à une ruine entière et certaine, par
« les facilités qu'auraient tous les imprimeurs d'empêcher son débit en multi-
« pliant les exemplaires.

« Mais ce qui est commun soit à la permission d'imprimer, soit à la prohibi-
« tion de concurrence, dont la réunion forme ce qu'on appelle le *privilége*, c'est
« QUE NI L'UN NI L'AUTRE NE DONNENT LA PROPRIÉTÉ ; les priviléges la supposent : ils
« ne donnent que le droit d'en faire usage, ils ne donnent même pas le droit
« de rendre l'ouvrage public. CETTE FACULTÉ EST DE DROIT NATUREL : ils en règlent
« seulement l'exercice ; ils en assurent la propriété contre l'injustice et l'usur-
« pation.

« ..... Les priviléges, à l'égard des livres nouveaux, n'en ont pas moins été
« réputés perpétuels et incommutables, de même que la propriété dont ils sont
« l'effet et l'expression, et le renouvellement à l'expiration du terme n'a ja-
« mais été considéré que comme une formalité qui ne pouvait pas se refuser,
« et qui dans le fait ne l'a jamais été, ni aux auteurs, ni à leurs cessionnaires...
« Car, dans l'ouvrage nouveau, le propriétaire en est connu, c'est toujours
« l'auteur ou celui qui le représente, soit à titre de succession, soit à titre
« d'acquisition. »

Assurément on peut affirmer, sans crainte d'être contredit, que les principes de Cochu sur le privilége en librairie sont la vérité, la raison et le droit
parlés.

De son côté, Linguet ne reste pas en arrière sur l'excellence des raisons par
lesquelles il défend la propriété des auteurs. Toutefois, il y a entre le ton des

deux discussions, la différence qui existait entre le caractère de ces deux grands
esprits; la discussion de Cochu est grave, sévère, toujours forte, savante et logique, mais presque froide : la discussion de Linguet est chaleureuse, passion-
née, pleine de couleur et d'inattendu. Les traits piquants y abondent; plus
d'une raillerie pleine de sel y fait escorte à l'argument, et, parfois même, cette
raillerie dépasse la mesure en tombant dans la personnalité offensante; mais,
au demeurant, la démonstration de l'argumentateur est aussi claire et précise
qu'irrésistible.

Je regrette que le besoin d'abréger cet exposé de faits ne me permette pas
de placer ici les extraits qui pourraient justifier mon jugement sur le mérite du
mémoire de Linguet, et je ne peux qu'inviter mes lecteurs à se reporter à la
pièce originale; ils y trouveront, j'en suis assuré, plus d'une preuve de la réalité de mon assertion.

Quoi qu'il en soit, les énergiques efforts faits pendant plusieurs années pour
le rappel au principe vrai de la propriété littéraire n'avaient amené encore aucun résultat législatif, et le droit des auteurs, tout reconnu et protégé qu'il fût
dans leur personne et dans leur descendance par le pouvoir d'alors, restait encore sous le coup de la fausse appréciation de sa nature, si erronément faite
par les édits de 1777, lorsque vinrent à éclater les immenses orages politiques
de 1789.

Au point de vue qui nous occupe, les lettres et les arts, à la prospérité desquels sont, en général, toujours si funestes les temps de trouble et de révolution, semblèrent, du moins au premier moment, devoir trouver, dans l'espoir
du triomphe définitif du principe sur lequel ils reposent, une sorte de com-
pensation au dommage résultant pour eux des obstacles de fait qui surgissaient
contre sa pratique utile.

En effet, après que le pouvoir absolu [*] avait été amené, par la force des
choses et de l'opinion, à rendre hommage au droit héréditaire et perpétuel
des auteurs, que ne devait-on pas attendre d'un régime qui se présentait
comme appelé à restaurer tous les droits méconnus?

Triste et trop prompte déception! Quatre ans à peine s'étaient écoulés depuis
le mémorable événement par lequel s'ouvrit l'ère révolutionnaire (le serment
du Jeu de Paume en juin 1789), que la Convention nationale rendait (le 19 juillet 1793) un décret qui, tout en proclamant le droit des auteurs sur leurs œuvres
« comme LA PROPRIÉTÉ LA MOINS SUSCEPTIBLE DE CONTESTATION, » ne la leur accordait
qu'à titre viager, et la déniait à leurs héritiers au delà du terme de *dix* années.

[*] Je n'emploie ces mots, on le sent, que pour parler la langue de l'époque. Mais, à vrai
dire, ce pouvoir, réputé ABSOLU, n'en avait pas moins de graves contre-poids dans l'autorité
des Parlements; et, ne fût-ce que dans la circonstance relative à la propriété littéraire, on a pu
voir tout à l'heure jusqu'où la magistrature française portait l'indépendance : c'est presque
par une exception très-rare qu'ici les remontrances du Parlement de Paris n'eurent pas la
puissance de faire revenir le roi sur les arrêts de 1777; et il y a dans l'histoire nombre
d'exemples de cas très-graves où son autorité balança celle du souverain.

L'ASSEMBLÉE NATIONALE qui précéda la LÉGISLATIVE, que suivit la CONVENTION, avait préludé à cette doctrine du droit viager par un décret du 13 juin 1791, relatif aux théâtres, en statuant que « les ouvrages des auteurs dramatiques « vivants ne leur appartiendront que leur vie durant, avec jouissance ulté- « rieure au profit de leurs héritiers pendant *cinq* ans seulement. »

A ce sujet, on est d'accord que le décret de la Convention a virtuellement rapporté celui-là et admis, par la généralité de ses termes, les auteurs drama- tiques au bénéfice du délai de dix années au lieu de cinq. Dès lors le décret de l'Assemblée nationale n'a plus de valeur qu'au point de vue de la déclara- tion de principe, et quel principe!

Ce n'est pas ici le lieu de discuter sur ce qui touche cette inexplicable et flagrante contradiction entre les idées et les actes : je raconte, je ne juge pas. Un peu plus tard j'aurai à dire quelle a été l'erreur énorme dans laquelle sont tombés à ce sujet deux des trois corps délibérants qui, de 1789 à 1795, ont eu successivement en leur unique puissance les lois comme les destinées du pays. Quant à présent, je ne m'attache qu'aux faits et je me hâte, après avoir signalé ces deux trop mémorables monuments de la législation de 1791 et 1795 sur la propriété littéraire, de passer aux actes qui les ont suivis.

Dix-sept ans après le décret de la Convention est intervenu le décret du premier gouvernement impérial, daté du 8 mars 1810, par lequel, sans que rien soit changé au principe du droit viager, *le temps de grâce accordé aux fa- milles est étendu à* VINGT ANNÉES *après la mort des auteurs.*

Quant aux auteurs dramatiques spécialement, il fut décidé, par un avis du Conseil d'État du 25 août 1811, qu'ils n'étaient pas compris dans les disposi- tions du décret de 1810 et que rien n'avait été innové à leur égard.

En 1825-1826 une tentative fut faite avec grande solennité par le gouver- nement de Charles X pour réhabiliter le principe d'hérédité et de perpétuité.

Sur la proposition du vicomte de la Rochefoucauld (devenu depuis duc de Doudeauville), qui administrait la partie du service de la liste civile relative aux beaux-arts et qui a laissé plus d'une trace honorable de son passage dans cette administration, une commission royale de trente membres, choisis parmi les sommités de la législature, du barreau, des quatre académies et des délé- gués des gens de lettres, des libraires et du théâtre, fut chargée d'élaborer le projet d'une législation nouvelle sur la propriété littéraire [1].

Après plusieurs mois d'examen approfondi et de discussions animées, en un grand nombre de séances quasi parlementaires, la presque unanimité de la commission s'était prononcée pour le principe du droit héréditaire et perpétuel, en ce qu'il lui avait paru pouvoir se concilier avec l'utilité publique, c'est-à- dire avec l'intérêt du progrès et de la civilisation. Cette conciliation se fit opérée à l'aide d'une rétribution payée aux familles sur les éditions succes- sives, lorsque, après la mort de l'auteur, l'ouvrage serait tombé dans le domaine

[1] Voir ci-après, note A, la composition de cette commission.

public. Mais, en s'appesantissant ensuite sur les moyens d'établissement et de perception de la redevance, la commission crut y reconnaître de grandes difficultés d'exécution se traduisant pour elle en impossibilités ; revenant donc, non sans en exprimer son vif regret, sur sa précédente décision, elle pensa ne pouvoir mieux faire, en cette conjoncture, que d'adopter un système d'extension de la jouissance temporaire au profit des familles, qui portait à CINQUANTE ANNÉES, à partir du décès de l'auteur, le terme de cette jouissance. Un projet de loi fut formulé en ce sens par MM. Portalis, Bellart et Vatimesnil, l'élite des jurisconsultes du temps, et un autre des membres non moins illustre de la commission, M. Villemain, rédacteur du rapport au roi, présenta, comme exposé des motifs de ce projet de loi, le résumé des travaux de la commission.

J'ai dit ailleurs[1] les raisons qui me portèrent à combattre dans le sein de la commission (de laquelle j'eus l'honneur de faire partie comme secrétaire élu par elle) les prétendues impossibilités d'application de la rétribution perpétuelle : l'idée de cet avantage réservé aux héritiers m'avait alors paru, en effet, être le vrai moyen de solution de la question, la clef de la difficulté créée sous l'impression des idées du moment par l'antagonisme qu'on s'opiniâtrait à voir entre les droits de l'auteur et ceux du domaine public, dont on se faisait alors un épouvantail.

Ce développement déjà donné à ma pensée me serait une raison suffisante pour n'y point revenir ici.

Mais une autre considération encore me détermine à m'en abstenir, au moins quant à présent.

Une étude consciencieuse et plus mûrie encore aujourd'hui qu'elle ne pouvait l'être alors m'a donné la conviction profonde que cette prétendue opposition entre le droit de l'auteur et l'intérêt général n'a rien de réel ni de sérieux ; que la faculté exclusive de reproduction laissée aux héritiers ne préjudicie sous aucun rapport quelconque à l'intérêt public ; que cet intérêt reste parfaitement sauf, et que par conséquent il n'y a nullement lieu à déposséder la famille du droit en question, et c'est ce qui sera bientôt l'objet d'une démonstration qu'on trouvera, je l'espère, sans réplique possible ; du reste, on va voir ci-après (page 77) le complément de mes motifs d'abstention sur ce qui touche la thèse de la RÉTRIBUTION PERPÉTUELLE.

Le projet de loi proposé par la commission royale de 1825 n'ayant pu arriver à la discussion législative, une seconde commission, formée en 1836, professa les mêmes idées que la première sur ce qui touche l'existence réelle du droit de propriété en faveur de l'auteur et de sa famille ; mais, préoccupée comme celle-là beaucoup plus qu'à mon sens elles n'eussent dû l'être l'une et l'autre, des difficultés prétendues de l'application, elle se décida également pour l'extension de la jouissance temporaire.

---

[1] Dans l'ouvrage ayant pour titre : DU DROIT GÉNÉRATEUR DES AUTEURS, publié en 1858 à la librairie L. Hachette.

Plus tard, en 1841, un projet de loi fut présenté par le Gouvernement pour prolonger de DIX ANNÉES la jouissance des familles.

Porté en premier lieu à la Chambre des pairs, il y fut l'objet d'une longue discussion où, nonobstant l'éloquente et vive opposition d'un grand nombre d'esprits les plus distingués, qui soutenaient l'idée de perpétuité, l'idée contraire prévalut néanmoins, et la seule amélioration adoptée par le vote de la Chambre fut celle de l'extension de jouissance des familles.

A la Chambre des députés, la commission d'examen du projet de loi (que présidait M. de Lamartine) montra des dispositions beaucoup plus libérales, qu'il est bien regrettable qu'elle n'ait pas professées jusqu'au bout. Induite par la force des principes à dire par la bouche de son rapporteur que ses membres « *comme philosophes, remontant à la métaphysique de la question* « *et retrouvant sans doute dans les droits naturels du travail intellectuel des* « *titres aussi évidents, aussi imprescriptibles que ceux du travail des mains,* « *auraient été amenés peut-être à proclamer théoriquement la perpétuité de* « *la possession des fruits du travail ;* » il leur parut que comme législateurs ils ne devaient pas aller jusque-là : « que les idées sur la propriété littéraire « n'étaient pas encore assez rationalisées ; que les mœurs n'étaient pas assez « faites ; que sa constitution n'était pas encore assez universellement européenne « et internationale... »

Puis le rapport, qui concluait à l'extension à cinquante ans de la jouissance temporaire des familles, ajoute ici :

« *En l'investissant* (la propriété littéraire) *dans cette loi des conditions d'une* « *possession complète, nous avons donc cru devoir la limiter dans sa durée. Nous* « *n'avons mis aucune limite à ses droits, nous lui avons mis une borne dans le* « *temps.* LE JOUR OÙ LE LÉGISLATEUR, ÉCLAIRÉ PAR L'ÉPREUVE QU'ELLE VA FAIRE D'ELLE- « MÊME, JUGERA QU'ELLE PEUT ENTRER DANS UN EXERCICE PLUS ÉTENDU DE SES DROITS « NATURELS, IL N'AURA QU'À ÔTER CETTE BORNE ; IL N'AURA QU'À DIRE TOUJOURS OÙ NOTRE « LOI A DIT CINQUANTE ANS, ET L'INTELLIGENCE SERA ÉMANCIPÉE. »

Tout en rendant à ces belles paroles l'hommage qui leur est dû, l'on ne put que regretter la persuasion où fut alors la commission (et cela contre le sens intime et le vœu personnel de son rapporteur, tout m'autorise à le dire) que cette prolongation d'épreuve était nécessaire. Assurément déjà l'épreuve était entière, complète, et, en tous cas, les vingt années écoulées depuis ce temps-là, ont, et au delà, donné tout ce qui pouvait paraître manquer encore d'éléments de solution : ces questions si simples, que pourtant quelques-uns considéraient comme si difficilement solubles, j'espère bien donner tout à l'heure la preuve qu'elles n'ont plus rien aujourd'hui qui puisse embarrasser même les esprits les plus méticuleux.

Quoi qu'il en soit, la fin de la session législative de 1841 ne permit pas le vote définitif de la loi et les choses restèrent dans le *statu quo*, si ce n'est que trois ans après il intervint (3 août 1844) une loi interprétative du décret im-

pèrial du 5 février 1810, laquelle, abrogeant virtuellement l'avis du conseil d'É-
tat du 25 août 1811, décide que « les veuves et ENFANTS d'auteurs d'ouvrages
« dramatiques auront, à l'avenir, le droit d'en autoriser la représentation et
« d'en conférer la jouissance pendant *vingt ans*, conformément aux dispositions
« des art. 39 et 40 du décret impérial du 5 février 1810. »

Le dernier acte de législation sur la matière est la loi du 5 avril 1854, due au
régime actuel et qui, bien que s'appuyant sur le principe, erroné suivant
moi, du droit temporaire et viager, n'en a pas moins le mérite d'avoir porté
plus loin qu'aucun des actes précédents du pouvoir social, depuis 1789, la
justice et la faveur dues aux gens de lettres et artistes.

Cette loi porte, en effet, que « les veuves des compositeurs et des artistes
« jouiront pendant toute leur vie des droits garantis par les lois des 13 jan-
« vier 1791 et 19 juillet 1793, le décret du 5 février 1810 et la loi du
« 5 août 1844 et les autres lois ou décrets sur la matière. »

Et que « la durée de la jouissance accordée AUX ENFANTS par ces mêmes lois
« et décrets est portée à TRENTE ANS à partir soit du décès de l'auteur, composi-
« teur ou artiste, soit de l'extinction des droits de la veuve. »

A l'occasion de cette dernière loi, je dois faire remarquer (et cette remarque
a sa portée comme on le verra bientôt) que si, constamment dans les lois précédentes jusques et y compris les décrets de la Convention, les bénéficiaires, appelés après la mort de la veuve à la jouissance du droit temporaire de reproduction sont désignés par le titre de HÉRITIERS ET REPRÉSENTANTS, ils ne se trouvent
plus, à partir du décret impérial du 5 février 1810, désignés dans tous les actes
législatifs survenus que par cette appellation LES ENFANTS; ce qui implique l'appel
à succéder de la ligne directe seulement; nous verrons plus tard ce qu'il faut
penser de cette exclusion tacite de la ligne collatérale et de la ligne ascendante.

RÉSUMÉ DES FAITS.

Si maintenant nous résumons les faits de l'exposé qui précède, nous y trouvons la preuve :

Que la propriété littéraire a été connue et respectée chez les anciens ;

Que, dans le moyen âge, elle a existé tacitement et n'a jamais été contestée
en la personne des auteurs et de leurs héritiers ;

Que, plus tard, et depuis la découverte de l'imprimerie, elle a continué à
être reconnue tant en principe qu'en fait ;

Qu'au dix-septième siècle et jusque vers la fin du dix-huitième, c'est-à-dire
sous l'empire même du PRIVILÉGE, la propriété de l'auteur était considérée
comme existante par elle-même et réglée par le droit commun ;

Que si, en 1777, une mesure gouvernementale erronée est venue fausser
la nature du droit littéraire en le faisant émaner désormais de la puissance
du souverain au lieu de lui conserver son caractère de propriété ayant sa
source dans la loi commune, toutefois, il n'a pas moins été consacré légalement comme DROIT PERPÉTUEL, en la personne de l'auteur et de ses héritiers ;

Que c'est seulement à la Révolution de 1789 et par les décrets de la Convention qu'une mesure inverse, fruit d'une erreur plus manifeste encore que la première, a changé ce droit perpétuel en une jouissance viagère quant à l'auteur et temporaire quant aux héritiers ;

Que l'erreur si palpable, par suite de laquelle la Convention a été amenée à cette altération de la nature du droit littéraire, s'est perpétuée dans les quelques actes législatifs auxquels a successivement donné lieu depuis cette époque le règlement de la question de propriété littéraire ;

Que, de plus, dans la loi aujourd'hui existante, qui place la propriété littéraire hors du droit commun, une autre erreur très-grave s'est glissée en ce qui touche l'appel des représentants de l'auteur à jouir du droit successif temporaire qu'elle leur reconnaît, et que la confusion des termes couvre une véritable injustice que rien ne peut justifier, en écartant la ligne ascendante ainsi que la collatérale de la jouissance, le cas échéant, du bénéfice de l'hérédité, telle qu'elle est accordée à la ligne directe.

Enfin que, lors des divers examens préparatoires d'un changement de législation, comme lors des discussions législatives dont ils ont été suivis, les esprits les plus éminents de la magistrature et du droit se sont en foule prononcés pour le principe de perpétuité et d'hérédité légale de la propriété littéraire ; quelques-uns, arrêtés seulement dans l'application absolue de ce principe par des considérations d'intérêt général, que depuis ils ont reconnu ne pas exister réellement ou pouvoir obtenir pleine satisfaction sans le sacrifice du principe de propriété des auteurs et par la simple application des règles du droit commun, c'est-à-dire par l'exercice de la faculté d'expropriation pour cause d'utilité publique dans le cas où cet intérêt général est réellement engagé.

De cette position si nette de la question de fait se déduit sans peine la position des questions de droit.

Grâce à l'élucidation due à la brillante et profonde discussion publique à laquelle se sont livrés, avant et depuis la tenue du congrès de Bruxelles, tant d'hommes distingués dans la triple science de la métaphysique, de l'histoire et du droit, en des écrits qui resteront comme autant de phares lumineux destinés à éclairer pour le présent et pour l'avenir toutes les obscurités de la matière[1], la tâche de l'établissement des questions dont je viens de parler est bien simplifiée : ces questions peuvent se réduire à celles qui vont suivre.

---

[1] Je ne puis rappeler ces écrits sans faire une mention toute particulière de celui qu'avant même de donner devant le congrès de Bruxelles une preuve si manifeste de talent et de zèle, M. Breulier, avocat de Paris, a publié (en 1855) sous ce titre : *DU DROIT DE PERPÉTUITÉ dans la propriété intellectuelle.* Il y a dans cet excellent livre un sens si exquis, une science si profonde, manifestés sous la forme d'une élocution si remarquable, qu'il est, sans aucun doute, destiné à survivre longtemps aux circonstances qui en ont déterminé l'émission. Les principes qu'y professe et qu'y développe l'auteur sur ce qui touche spécialement la nature et l'origine du droit de propriété méritent, par leur pureté non moins que par la lucidité de leur exposé, d'être profondément médités par tout esprit qui voudra étudier sérieusement la question de la propriété littéraire. Quant à moi, je déclare que cet ouvrage est bien certainement l'un de ceux que j'ai lus avec le plus de plaisir et de fruit.

QUESTIONS

I

SUR LA NATURE MÊME DU DROIT LITTÉRAIRE ET ARTISTIQUE

§ 1. La production d'une œuvre de littérature ou d'art confère-t-elle à son auteur un droit réel de propriété sur les produits et bénéfices de sa publication ou reproduction ?

§ 2. Cette propriété est-elle, quant aux effets civils qui en découlent, de nature semblable à celle de toute autre propriété, fruit du travail de l'homme ?

§ 3. N'est-il pas manifeste qu'il n'y a aucun motif, se déduisant de la raison, de l'équité, du droit social ou du droit civil, pour refuser à cette propriété la prérogative substantielle de toutes les autres, c'est-à-dire la PERPÉTUITÉ et l'HÉRÉDITÉ ?

§ 4. N'est-ce pas, en conséquence, le cas, par la puissance publique, de déclarer qu'à l'avenir la propriété littéraire et artistique sera régie par les lois générales du pays et d'abroger toutes les lois d'exception antérieures [1] ?

----

[1] C'est ce même principe de perpétuité que professe la lettre de S. A. le prince Louis-Napoléon, rappelée page 10 ; et, à ce sujet, je dois dire, parce que c'est justice, que, dès 1849, et à peine arrivé au pouvoir comme Président, le prince avait, l'on n'en peut douter, résolu de faire, autant que cela pourrait dépendre de lui, passer ce principe dans la pratique législative.

La preuve morale de ce fait se tire des termes d'une lettre semi-officielle qu'il me fit l'honneur de m'adresser, le 29 juin 1849, en accusé de réception de l'envoi du volume-recueil des procès-verbaux des séances de la commission royale de 1825, avec instante prière de règlement de la question ; lettre où se remarque la déclaration « *qu'il a fait joindre ce volumineux « document à ceux qui seront consultés pour le travail QUE SON GOUVERNEMENT PRÉPARE.* »

De même, en 1858, par suite du renouvellement de mes instances, et de la communication d'un Mémoire manuscrit où je présentais les idées, depuis développées plus amplement dans mon livre « LE DROIT HÉRÉDITAIRE DES AUTEURS, » une assurance analogue me fut donnée, et tout porte à croire que c'est en effet ce principe qui prévaudra dans les conseils actuels du gouvernement.

II

SUR LES DROITS DU DOMAINE PUBLIC.

§ 1. L'exercice du droit d'expropriation pour cause d'utilité publique est-il susceptible d'application à la propriété littéraire?

§ 2. S'il y est, en effet, applicable, cette application ne doit-elle pas être subordonnée aux mêmes règles et conditions que celles auxquelles l'exercice de ce droit est astreint à l'égard de toute autre propriété et relativement à tous les citoyens?

§ 3. N'est-il pas, par conséquent, illégal, autant qu'il est illogique, d'appliquer à la propriété littéraire la dépossession *préventive* et *à priori*, c'est-à-dire sans constatation préalable de la raison d'utilité publique, et sans l'allocation de la juste indemnité, préalable aussi, en tel cas, prescrites par la loi commune?

§ 4. Dans l'espèce, la constatation de la raison d'utilité publique ne réside-t-elle pas, rationnellement et équitablement, dans le fait de l'abstention, volontaire ou non, par les détenteurs du droit exclusif de reproduction, d'éditer à nouveau l'œuvre dont l'édition est épuisée, ou légalement réputée l'être par l'expiration d'un laps de temps déterminé depuis son apparition (dix ans par exemple)? Et dans ce cas de refus d'exécution de l'obligation naturelle de tout citoyen de concourir, autant qu'il est en lui, à seconder l'intérêt général (lequel est, ici, dans la publicité à donner aux idées utiles et aux choses de progrès social), le moyen légal de donner satisfaction à cet intérêt tout légitime n'est-il pas de laisser libre alors, pour tous, l'exercice du droit de reproduction de l'œuvre que le propriétaire de ce droit aura oublié, négligé ou refusé d'éditer à nouveau dans le délai susmentionné; et cela tant que ledit propriétaire ne se sera pas lui-même exécuté en faisant et émettant cette édition nouvelle?

§ 5. N'est-ce pas là le seul usage équitable qui puisse être fait du droit d'expropriation pour cause d'utilité publique, si, d'une part, l'on ne veut pas se jeter dans les embarras d'une évaluation de l'indemnité préalable qui serait à payer aux familles dans le cas de l'expropriation préventive absolue, et si, d'autre part, l'on ne veut pas violer fondamentalement sans raison ni justice le droit de propriété en la personne des représentants de l'auteur?

III

SUR LA QUESTION SUCCESSORALE.

§ 1. La conséquence immédiate de la nature de la propriété littéraire étant sa rentrée sous l'empire du droit commun, n'est-il pas obligatoire que les principes généraux sur le droit des successions lui soient appliqués dans les conditions où ils le sont à l'égard de tous autres biens et par conséquent que les lignes ascendante et collatérale ne restent pas exclues de l'hérédité des auteurs?

§ 2. Même en admettant (ce qui est insupposable pourtant) que la loi d'exception actuelle en matière de propriété littéraire et artistique puisse être maintenue plus longtemps, n'est-il pas du moins manifeste qu'aucune raison plausible n'existe pour maintenir aussi l'exclusion à l'égard des ascendants et des collatéraux de la participation, quand il y aura lieu, au droit successif pendant tout le temps accordé par la loi spéciale?

C'est à dessein que je viens de m'étendre avec autant de détails et de développements sur le contexte des questions de droit, parce que, de leurs termes mêmes, je prétends faire résulter le texte des motifs et du libellé des dispositions réformatrices de la loi actuellement existante.

Ceci expliqué, j'entre dans l'examen raisonné des questions ci-devant posées.

DISCUSSION

I

QUESTION RELATIVE A LA NATURE MÊME DU DROIT LITTÉRAIRE ET ARTISTIQUE

En abordant ce sujet, je supplie mes lecteurs de me prêter une attention sérieuse et soutenue, car la question que je vais discuter est pour ainsi dire toute la cause dont j'ai embrassé la défense.

C'est, en effet, parce que les adversaires du droit des auteurs se refusent à voir en lui les caractères de la propriété ordinaire qu'ils se trouvent si fort à l'aise vis-à-vis de lui pour le frapper arbitrairement du fait de la dépossession légale, en tronquant à son égard le principe en vertu duquel elle s'applique, c'est-à-dire en lui déniant le droit à l'indemnité préalable, ce qu'ils ne feraient pas, ils le confessent, si, à leurs yeux, la propriété de l'œuvre littéraire ou artistique était réellement de même nature que toutes les autres.

Lors donc que j'aurai démontré que tel est en effet son caractère, il est manifeste que la plus grande difficulté de la thèse sera levée et qu'il deviendra facile de s'entendre sur tout le reste.

Or voici, sur ce point si capital, ce que j'ai à dire :

Qu'en l'absence de tout précédent de législation ou d'application l'on pose devant un homme de bon sens ce simple théorème :

L'auteur d'un livre, ou de toute œuvre de l'esprit, qui a consacré à ce travail son temps, ses méditations, sa santé souvent, quelquefois sa fortune ; qui, père de famille, a pu, par les exigences de ce labeur assidu, compromettre l'avenir de ses enfants, en se mettant de lui-même ainsi dans l'impossibilité d'employer à leur acquérir un patrimoine ces heures, ces jours, ces années que son intelligence eût facilement utilisés pour l'obtention d'un résultat matériel et pécuniaire ; cet auteur, disons-nous, n'est point le maître de son œuvre, le propriétaire de son livre, de son tableau, de sa statue, de sa partition, etc.; ses enfants n'en doivent pas jouir après lui, en ce sens que si, pendant une longue suite d'années l'œuvre produit, par sa publication, des bénéfices pécuniaires plus ou moins grands, ce ne sont pas ces mêmes enfants qui les doivent recueillir, ce sont des gens qui n'ont rien été pour l'auteur, qui ne sont rien pour sa famille, et qui s'enrichissent de ses profits tandis que sa descendance meurt de faim !

Si, je le répète, cette proposition était émise *ex abrupto*, il n'y a pas d'esprit droit, équitable et généreux qui ne la prît pour une raillerie, même pour une raillerie par trop dépourvue de sel, et qui, si l'on y insistait comme sur une idée sérieuse, ne s'indignât de sa flagrante injustice !

Avant d'aller plus loin, et pour faire mieux sentir tout ce qu'il y a de faux et d'inique dans la situation qu'on prétend faire aux hommes qui se vouent au labeur intellectuel, constatons d'abord un fait primordial qui a toute la valeur d'un principe du droit naturel, et dont l'importance est ici décisive.

Ce fait, qu'il n'est point permis de révoquer en doute, c'est que, de tous les moyens par lesquels l'homme social peut acquérir légitimement la propriété des choses, le travail est le premier, comme il est le plus ordinaire et le plus efficace.

Bien que ceci n'ait assurément pas besoin de démonstration, je crois pourtant devoir appeler ici, en témoignage de cette doctrine, l'opinion de trois graves auteurs, entre autres, dont l'autorité ne sera pas récusée.

Le premier est M. Thiers, qui, dans son beau livre DE LA PROPRIÉTÉ, s'exprime ainsi (page 88) :

« La société civilisée ayant consacré par écrit le droit de propriété, qu'elle
« avait trouvé existant sous forme d'habitude dans la société barbare, l'ayant
« consacré dans le but d'assurer, d'encourager, d'exciter le travail, on peut dire
« que le travail est la source, le fondement et la base du droit de propriété.

« On doit donc le dire dogmatiquement : LE FONDEMENT INDESTRUCTIBLE DU
« DROIT DE PROPRIÉTÉ, C'EST LE TRAVAIL. »

Le second de ces auteurs, c'est Frédéric Bastiat, le regrettable écrivain enlevé si jeune encore à la science. On trouve sur ce même sujet, dans ses HARMONIES ÉCONOMIQUES, ceci : « LA PROPRIÉTÉ, C'EST LE DROIT POUR L'HOMME DE S'APPLI-
« QUER A LUI-MÊME SES PROPRES EFFORTS, ou de ne les céder qu'en retour de la cession d'efforts équivalents. » Et, cette pensée, il l'a confirmée dans une lettre très-remarquable faisant partie d'une publication récente et citée *in extenso* dans l'excellent journal de M. Étienne Blanc, dont j'aurai l'occasion de parler un peu plus loin. Voici ce qu'on lit dans cette lettre : « ..... *La propriété, se-*
« *lon moi, n'est que l'attribution de la satisfaction qui suit un effort à celui qui*
« *a fait cet effort.* »

De même, le savant M. Breulier, dans l'ouvrage dont j'ai parlé plus haut, et dans une discussion que je voudrais pouvoir reproduire ici, tant elle est remarquable et concluante, établit le point en question d'une manière qui ne laisse prise à aucune objection; je ne puis qu'engager fortement les lecteurs sérieux à s'édifier par eux-mêmes en se reportant à l'ouvrage en question.

Il me serait facile de multiplier à l'infini les citations sur la matière, car, philosophes, moralistes, économistes, tous sont d'accord à cet égard ; mais, je le répète, cette vérité est désormais de celles qui n'ont besoin que d'être énoncées pour être comprises.

Eh bien donc, puisque le travail est la voie la plus légitime à suivre pour acquérir et posséder, de combien ne doit pas s'augmenter exceptionnellement la valeur morale de ce moyen de fortune lorsqu'il repose sur ce qu'il y a de plus noble, de plus élevé dans l'emploi des facultés de l'homme social?

Comparons et jugeons :

Voici une intelligence ordinaire qui, guidée par un jugement sain et un cœur droit, s'applique à l'exercice de quelqu'une de ces professions utiles et avouées qui font l'honnête industriel, le bon commerçant, l'habile praticien, l'artisan renommé : laborieuse et persévérante, elle arrive plus ou moins promptement, suivant les circonstances plus ou moins favorables dans lesquelles elle se sera exercée, à mettre celui qui en aura fait ce louable usage en jouissance d'un bien-être qu'il peut alors répandre sur sa famille et transmettre à ses enfants : n'est-il pas évident que, dans un cas pareil, il n'y aura qu'une voix dans tout le public pour applaudir à ce résultat et à ses heureuses conséquences?

Allons plus loin : Un homme d'équivoque droiture, de conscience élastique, d'aventureuse humeur, parvient (cela s'est vu!), à l'aide de ce savoir-faire qu'enseigne si vite l'ardeur de la spéculation, à recueillir le fruit de l'un de ces coups hardis au succès desquels l'audace heureuse a souvent bien plus de part que la combinaison savante : certes, on en conviendra, ce favori du hasard, qui peut-être même mériterait un nom plus sévère, n'en sera pas moins acclamé presque à l'égal de son sage et laborieux émule, et, comme lui, jouissant en paix d'une fortune par l'éclat de laquelle les yeux du vulgaire se laissent éblouir jusqu'à n'en apercevoir pas l'origine, il transmettra tout aussi paisiblement à ses enfants ces richesses que leur source plus ou moins pure n'empêchera pas d'entrer et de rester très-régulièrement dans son hérédité.

Ainsi, travail honnête et travail équivoque, tous deux ont au même degré, sauf la question d'honneur, le privilége légal de créer un patrimoine, c'est-à-dire de conférer à quiconque les pratique le précieux avantage de fonder, pour ceux qu'il doit laisser après lui dans ce monde, un moyen d'existence tranquille et assurée ; et cela, remarquons-le bien, sans que l'utilité commune, sans que l'intérêt public y aient leur part spécialement faite à aucun titre.

Or voyons maintenant ce qu'il arrive d'un travailleur d'autre sorte, que la raison, que la justice, que l'honneur national veulent que l'on place en tête de tous les autres.

Celui-là, c'est le savant, c'est l'écrivain, c'est l'artiste; c'est, en un mot, l'homme dont les méditations, les veilles prolongées, l'impitoyable labeur,

scrutant l'avenir ou fouillant le passé, en font sortir, pour l'instruction de
tous, ou ces illuminations de l'esprit qui devançant les temps créent le progrès, ou ces errements de la sagesse de nos pères qui puisés dans la raison,
la nature ou le devoir sont pour nous des guides et des modèles, ou ces chefs-
d'œuvre de l'art qui nous transportent par le sublime de leur pensée, de leur
dessin, de leur couleur, de leur forme, quand ils ne nous ravissent pas par le
charme de leur mélodie.

De tous ces beaux et nobles travaux il n'en est pas un, évidemment, qui,
en dehors de l'utilité privée qu'il peut avoir pour celui qui s'y livre, ne soit
pour le public un profit moral, digne au plus haut point de son attention et
de sa gratitude.

Il semble donc qu'en même temps que la société retire du travail de l'écrivain ou de l'artiste cet incontestable avantage, elle doive, avec plus de raison
et de scrupule encore qu'à l'égard de tous autres, respecter, protéger le droit
si bien, si honorablement acquis par eux, de recueillir le légitime profit atta-
ché à l'émission de leur œuvre, de manière non-seulement à leur en assurer à
eux-mêmes la jouissance, mais encore afin qu'ils en puissent faire, comme
cela est loisible à tout autre membre de la cité, même le plus obscur et le plus
inutile, l'apanage des êtres pour l'amour desquels ils se sont imposés ce
travail[1].

C'est là, manifestement le point de vue rationnel sérieux, honnête, auquel
se présente, de prime-abord à tout esprit, libre d'idées préconçues, la situation
légale de l'homme de lettres, de l'artiste, faisant ressource de leur talent par
la publication du fruit de leurs études.

Ce fut donc, ainsi, à une idée éminemment saine et morale que se rattachè-
rent et les anciens dans leurs sages coutumes et nos premiers législateurs
modernes lorsqu'ils eurent à s'occuper du droit littéraire pour lui rendre
hommage, consacrant en ce point l'œuvre réfléchie des temps et de l'expérience.

Mais, oh! triste puissance de certaines idées paradoxales, quand elles viennent à se produire avec une apparente autorité! Un instant suffit à l'établissement de leur empire sur les esprits, et il n'est pas rare de voir, par une triste
loi qui ne s'explique que difficilement, des intelligences élevées et lucides,
adopter de confiance ces idées, les défendre et même souvent se passionner
pour elles, si bien qu'il faut ensuite de longues années, des siècles, parfois,
pour en faire ressortir le vice ou les périls! Ici, cette déduction si naturelle du

---

[1] Si l'on venait à s'étonner de me voir argumenter ici sur ce qui touche le droit personnel
de l'auteur, lorsque la loi actuelle le lui reconnaît, et si l'on était tenté de trouver dès lors la
discussion superflue, je prierais qu'on voulût bien considérer que cette reconnaissance se base
sur un principe essentiellement faux, et que, sous ce rapport, elle est moins une consécration
qu'une négation du droit réel. Elle se borne d'ailleurs à l'octroi d'une simple jouissance viagère; il me fallait donc, pour établir la légalité de la transmission de la propriété absolue aux
représentants de l'auteur, prouver au préalable qu'elle existe en la personne de celui-ci.

fait de la composition et de la publication d'un ouvrage de littérature ou d'art, qui avait servi si judicieusement de base à la consécration du droit des auteurs, elle a dû céder à la force de l'entraînement irréfléchi, dû, d'abord, à une erreur, ensuite à une idée fausse! Et, chose étrange autant que regrettable, c'est cette même idée, disons mieux, cette même illusion, qui, non-seulement a été le point de départ de tous les remaniements successifs qu'a depuis subis la loi française de la propriété littéraire, mais qui encore est devenue la pensée régulatrice de presque toutes les législations sur la matière dans les deux mondes.

Je regrette vraiment d'avoir à le dire, car je voudrais bien ne blesser personne, mais j'y suis contraint par mon sujet, les raisons alléguées à l'appui de cette incroyable doctrine professée par quelques-uns sur l'origine et la nature du droit littéraire sont, à mon sens, si loin de toute rationalité que leur simple énoncé devrait suffire à leur réfutation. Toutefois, l'importance qui leur a été accordée depuis près de trois quarts de siècle et l'extrême honorabilité de leurs adhérents, ne permettent pas de les traiter avec ce sans-façon, et le respect humain demande qu'on leur fasse les honneurs d'une discussion en règle.

Bien que j'aie déjà donné ailleurs l'analyse très-développée des arguments en question, néanmoins, vu le caractère tout positif du présent débat, je ne crois pas pouvoir me dispenser de la reproduire ici; la voici donc *in extenso*:

« La composition d'un ouvrage de l'esprit ne peut être considérée comme
« étant, à vrai dire, la mise en œuvre d'éléments intellectuels propres à
« l'auteur personnellement et exclusivement. Tout au contraire, cet ouvrage
« n'étant, ne pouvant être autre chose que le produit d'une faculté de penser
« qui est celle de tous les hommes, d'idées que tous sont aptes à percevoir,
« évidemment l'auteur puise ainsi dans le fond commun la matière de son
« œuvre et ne peut, dès lors, s'arroger sur elle un droit privatif qui est en
« contradiction avec la nature même des choses.

« Cela est d'autant plus sensible qu'il n'est pas une seule des pensées énon-
« cées par l'auteur, qui ne soit le produit de l'enchaînement successif des
« idées mises en circulation avant lui et dans les temps antérieurs, modifiées
« par l'effet même de cette succession du temps comme par l'effet de la
« réflexion et de l'expérience universelles. Il ne saurait donc, là non plus,
« être question pour personne d'un droit de propriété véritable et absolu sur
« aucune de ces pensées.

« Ajoutez à cela que, pour ce qui touche l'ouvrage livré à la publicité, il
« est manifeste que, par le fait même de cette publication, l'auteur annonce la
« formelle intention de faire profiter la communauté des fruits de son œuvre.
« Il la lui livre à cet effet, et, en vertu de la libre volonté ainsi manifestée par
« l'auteur, le public en prend possession, de fait et de droit. Le contrat entre
« eux est dès lors parfait et tout retour impossible.

« Toutefois, comme cette tradition de l'œuvre au public est un service
« rendu par l'auteur à la communauté, tant à raison des enseignements utiles
« ou des impressions agréables que le public en retire, que de l'honneur qui
« peut en rejaillir sur le pays, il est juste qu'elle reconnaisse ce service. Une
« récompense nationale est donc due à l'auteur, et, naturellement, cette récom-
« pense doit consister dans l'attribution, consentie à son profit par la société,
« des bénéfices matériels que la publication pourra produire tant que vivra
« l'auteur, sauf une certaine prolongation de cette même jouissance accordée
« à ses héritiers. »

« Enfin, même à supposer l'existence, au profit de l'auteur, d'un droit réel
« de propriété, comme il est de l'intérêt de tous que son œuvre soit connue,
« conservée, et reçoive le plus de publicité possible, la possession de l'auteur
« est subordonnée au droit public d'expropriation pour cause d'utilité géné-
« rale, et, après sa mort, l'exercice légal de ce droit fait tomber l'ouvrage
« dans le domaine public, quand expire le temps de jouissance temporaire
« réservé aux héritiers. »

Tels sont, suivant les adversaires du droit perpétuel des auteurs, les seuls et
vrais principes qui doivent servir de base à toute législation sur la propriété
littéraire ou artistique.

Examinons le premier de ces prétendus principes, celui d'après lequel
*« l'auteur ne crée rien par lui même parce qu'il prend toute l'essence de son
« œuvre dans le fond commun. »*

J'en demande humblement pardon à mes honorables et savants contradic-
teurs, mais il m'est impossible de dissimuler que, pour mon compte, je ne
crois pas qu'il y ait au monde de la dialectique, raisonnement plus vicieux, à
tous les titres, que celui-là. Je leur dois la déduction de mes motifs et les
voici :

Évidemment, si l'on consulte seulement le sens naturel et intime, on s'aperçoit tout d'abord que l'argument pèche par défaut complet de vérité dans sa
base même.

Dire, en effet, que l'auteur d'une œuvre de l'esprit ne crée rien par lui-
même en raison de ce qu'il ne la compose qu'à l'aide de cet intellect qui appartient à tous les hommes, cela revient absolument à dire que tous les hommes
sont aptes à composer la même œuvre que lui, ce qui signifie très-clairement
que toutes les aptitudes sont semblables en tous les hommes. Admirable doctrine, en vérité ! surtout commode au dernier point, pour couvrir toutes les
infirmités intellectuelles, et qui doit être acceptée d'enthousiasme par les
simples et les ignorants, puisqu'elle les admet de prime-saut et sans frais
aucuns de leur part, aux prérogatives de l'esprit, de la science et du talent !...
En envisageant l'idée dont il s'agit, à ce point de vue l'on ne saurait vraiment
s'expliquer comment elle a été soutenue par de brillantes intelligences, si ce
n'est (comme le confessait un jour de très-bonne grâce l'une d'elles) par un

effet de l'entraînement presque irrésistible que, parfois, à l'exemple des grands courages auxquels plaisent surtout les grands dangers, elles se sentent pour les difficultés extraordinaires et pour la discussion de ces thèses excentriques par lesquelles apparaissent bien mieux les ressources et les dextérités de l'esprit. Depuis le paradoxe fameux qui a mis si merveilleusement en relief le philosophe de Genève, sa fortune en ceci en a tenté bien d'autres et c'est une séduction à laquelle, à voir ce qui se passe en nombre de cas, il paraît à plus d'un esprit, très-distingué d'ailleurs, fort difficile de résister.

Quant à moi, qui ne me sens pas le droit d'aspirer à tant de gloire, je ne veux qu'essayer, ici, de démontrer, par les seules et humbles ressources du bon sens, tout ce qu'il y a de faux et d'illusoire, à mon avis, dans l'idée en question. Voici donc ma profession de croyance sur ce point :

S'il est parfaitement vrai que tout être humain est doué de la faculté native de percevoir des idées et de les exprimer, il ne l'est pas moins que les effets de cet entendement ne sont nullement les mêmes à l'égard de tous, et que les idées sont différentes dans leur substance et dans leur expression suivant la différence des esprits qui les perçoivent.

Ce serait nier, en effet, la lumière du jour que de contester que, par le

---

¹ Au demeurant, la thèse célèbre, développée avec tant d'éclat par J. J. Rousseau devant l'Académie de Dijon n'était vraiment paradoxale que sous l'une de ses faces, et l'illustre écrivain n'était dans le faux que parce qu'il scindait la question en appliquant à l'une de ses branches la solution qui, mauvaise pour celle-ci, eût été, au contraire, parfaitement bonne pour l'autre. Si, en effet, en traitant de l'influence des lettres et des arts sur le moral des nations, l'apôtre philosophique du dix-huitième siècle eût fait la juste part des effets de leur pratique, il eût trouvé manifestement que, dirigée par l'amour du bien, elle ne peut qu'exercer sur les peuples une action intellectuelle merveilleusement utile et glorieuse, tandis que, laissée en proie aux aveuglements de la passion et aux funestes caprices du mauvais esprit, elle est, comme il le soutenait avec toute raison, l'agent le plus actif de leur dégradation morale.

Le vice du raisonnement de J. J. Rousseau fut donc, non pas tant de conclure à faux que de ne pas diviser sa conclusion. S'il eût voulu distinguer, il fût resté dans le vrai : et il l'avait bien senti, tout d'abord, puisqu'il avait résolu d'embrasser la thèse contraire à celle qu'il finit par adopter, sur les instances de Diderot. Ce fut peut-être un bon conseil pour son amour-propre, car son discours sur ce point fut le premier échelon de sa renommée ; mais qui peut dire pourtant ce qu'il n'eût pas gagné de plus, et en gloire et en éclat de talent, s'il n'eût point cédé à ces suggestions du sceptique encyclopédiste ? Qui peut dire jusqu'où se fût élevée son éloquence, en prenant son point d'appui non plus sur une sorte de sophisme, mais sur une vérité aussi noble que celle de l'heureuse influence des lettres et des arts dignement exercée ? La vraie gloire des lettres n'est pas celle que donnent les applaudissements de la foule, séduite par de brillantes images ou des phrases sonores ; c'est celle qui s'acquiert par la profession des principes sur lesquels reposent l'ordre, la paix, l'honneur des sociétés, et la grande âme de J. J. Rousseau était digne d'apprécier cette gloire, comme son immense talent d'écrivain semblait fait pour la porter au plus haut degré d'illustration réelle. Il n'en faut que plus vivement regretter la faiblesse vaniteuse qui le fit résister, en cette conjoncture (comme en plus d'une autre, par malheur), à l'inspiration de sa conscience, et qui lui fit donner un démenti à sa devise : *Vitam impendere vero*, devise dont il se fût fait pardonner la prétention tant soit peu orgueilleuse pour un philosophe s'il se fût appliqué mieux à la pratiquer toujours. Ici, Diderot fut, à vrai dire peut-être, le plus coupable, et sa mémoire reste chargée de la plus grande part du méfait ; elle est, au surplus, parfaitement en fond, au point de vue des reproches de la postérité, pour supporter celui-là en compagnie de tant d'autres !

fait même de la nature, il existe entre les intelligences, prises généralement, une dissemblance constitutionnelle très-capitale, à ce point que quelques-uns sont par eux-mêmes des génies sublimes, tandis que beaucoup d'autres ne sont que des esprits très-vulgaires, parfois même des brutes, ou à peu près. Comment équivoquer sur ce point en présence de ces innombrables obturations d'intellect que nous avons tous les jours sous les yeux, tout autour de nous, et qui, en dépit de toute civilisation, même la plus avancée et la plus générale, forment et formeront toujours la foule incommensurable des êtres ignorants, grossiers et stupides ?

Insiste-t-on pourtant sur cette prétention étrange ? Veut-on à toute force que cette aptitude, que je considère comme l'attribut du petit nombre, soit néanmoins égale en tous, en telle sorte que l'être le plus brut et le plus borné puisse ainsi devenir un génie ? Soit, j'y consens (bien que je n'en croie pas un mot, car alors il me faudrait croire aussi qu'à sa volonté le premier venu sera un Homère, un Phidias, un Apelle, un Virgile, un Cicéron, un Raphaël, un Michel-Ange, un Racine, un Pascal, un Newton, un Molière, un Mozart, un Poussin, un Arago, un Lamartine, un Villemain, etc., etc., etc., et alors je demanderai pourquoi tous ne le veulent pas !), mais enfin j'y consens, dis-je ; rejetons à cet égard toutes les idées reçues ; refaisons même la langue, si vous le voulez ; ne parlons plus *d'êtres heureusement doués, d'esprits supérieurs, de génies privilégiés* ; ne voyons plus les hommes égaux seulement par le droit social, voyons-les tous égaux par l'intelligence, et disons que, tous aussi, sans exception, ils peuvent arriver à un développement pareil d'esprit, de lumières et de capacité ; tout cela convenu, tout cela concédé, ce qu'il faut nécessairement accorder en retour, c'est que ceux d'entre eux qui parviennent à ce développement hors ligne, à ce maximum glorieux d'aptitude et de talent, ils ne le peuvent, ils ne le font qu'à l'aide de la volonté servie par le travail : eh bien ! n'est-ce pas là un fait spontané, individuel, propre à celui-là seul qui, par suite d'un goût spécial ou d'une inspiration de sa raison, est arrivé à cet amour de l'art, à ce zèle pour la culture laborieuse de son intelligence ? Est-ce que cette détermination, cette action, fruits de la faculté de libre arbitre qui est en lui, mais dont il pouvait, par cela même, ne pas user, ne doivent pas être ici considérées comme essentiellement relatives à l'individu et non pas à l'espèce ?

Que si l'on n'accorde pas cela, on matérialise l'esprit, on ignobilise le talent, puisqu'en déniant à l'émanation, à l'acte de l'homme de génie, la spontanéité, on lui laisse à peine le mérite d'une bonne mécanique.

Mais non, de telles rêveries ne sont pas soutenables ; ce qu'il y a de vrai, de sérieux, d'incontestable, dans l'application de ce qui précède, c'est que cet acte raisonné, consécutif, de l'esprit de l'homme, qui consiste dans la composition d'une œuvre quelconque de littérature ou d'art, d'un livre, d'un drame, d'une partition musicale, d'un tableau, d'une statue, d'un plan d'architecture monumentale ou autre, d'une gravure, d'un dessin, etc., etc., est un acte essentiellement propre et personnel à celui d'entre les travailleurs de la pensée que sa volonté raisonnée détermine à se vouer à l'étude et aux sacrifices de tout genre que de telles œuvres comportent. Et de là, manifestement, il faut conclure qu'à lui seul se rapportant l'origine, la raison d'être, l'existence matérielle, en un mot la création véritable de l'œuvre, en lui seul aussi réside par cela même le droit légitime à sa possession.

Que si, par la plus étrange des suppositions, l'on admet que tout autre individu puisse faire exactement, identiquement la même œuvre, sans avoir recours à l'imitation pure et simple de la chose déjà faite (simultanéité que repousse le bon sens d'une manière si absolue que j'ai presque honte d'en parler sérieusement), au moins doit-on reconnaître que l'auteur de l'œuvre primordiale aurait, en tout cas, sur celle-ci ce *droit si connu du premier occupant*, qui, lui aussi, est, on le sait, générateur de la propriété (*occupatio est modus acquirendi dominii jure gentium, quo res nullius humani juris apprehendenti acquiruntur*). Mais, d'ailleurs, il est parfaitement possible de concevoir la jouissance égale et parallèle des deux propriétés issues ainsi du travail intellectuel de deux cerveaux différents ; il ne serait donc, même en ce cas, ni logique ni juste de dénier à chacun de ces deux auteurs la propriété de son œuvre.

Si l'on voulait compléter la réponse à la bizarre assertion que j'examine, il resterait à lui opposer un monde de choses et d'arguments tirés de ce qu'il y a de plus usuel dans ce qui se passe journellement sous nos yeux.

La propriété privée peut parfaitement bien résulter de l'appropriation des choses du fonds commun par le fait personnel de chacun.

Ainsi par exemple, et pour me borner à quelques-unes de ces analogies, est-ce que tous les éléments, tous les corps de la nature, ne sont pas un *fonds commun* à la constante disposition de tous les hommes, et est-ce que pourtant nous ne voyons pas à chaque moment, pour ainsi dire, ceux-ci, par l'emploi qu'en sait faire leur intelligence secondée par le travail, s'en composer une très-légitime propriété ? Si je fais un appel d'air par un mécanisme quelconque pour ventiler mon appartement, ma fabrique, mon théâtre, etc., prétendrez-vous que, l'air étant à tout le monde, mon ventilateur n'est pas à moi, et qu'il devient propriété publique ? Si, au bord de la mer, j'y puise de l'eau pour, à l'aide de l'évaporation, m'en faire du sel, direz-vous que, la mer étant du domaine commun, ce sel appartient à mes voisins autant qu'à moi-même ? Si j'y recueille des algues, du goëmon pour fumer ma terre, direz-vous que ce fumier n'est pas à moi ?

De même, les animaux libres, qui composent le gros et le petit gibier, sont *res nullius*, en ce sens qu'ils n'appartiennent nommément à personne tant qu'ils restent à l'état vague et libre. Eh bien ! est-ce que, par la fatigue, les périls, ou même, si l'on veut, par les plaisirs de la chasse, je ne deviens pas propriétaire de ceux d'entre eux que j'ai faits mes captifs ou qui tombent sous mes coups ? Et seriez-vous fondé à dire que ce gibier appartient au domaine de tous ?

Reconnaissez donc, de par la loi des analogies et en concluant du matériel à l'intellectuel, que l'homme peut s'approprier très-légitimement par son travail et son intelligence toute chose du fonds commun.

« Mais, dit-on, et c'est là le second des arguments principaux par lesquels on
« prétend battre en ruine le principe de la propriété littéraire, mais si à la ri-
« gueur l'on pouvait admettre que l'auteur a un droit de propriété sur son œuvre,
« cela ne pourrait s'entendre en tout cas que de l'œuvre manuscrite restée en
« sa possession et dans le secret de son intimité ! Tout au contraire, dès qu'il
« se détermine à la publier, manifestement il annonce, par le fait même de
« cette publication, la formelle volonté de faire profiter la communauté du
« fruit de sa pensée ; il lui livre son ouvrage dans cette évidente intention, et,
« en vertu de cette tradition libre et spontanée de sa part, le public en prend
« possession de fait et de droit ; le contrat entre eux est dès lors formé, parfait,
« et tout retour impossible. »

A merveille ! ainsi, d'après vous, il n'y a rien autre chose à considérer, dans l'idée de la propriété littéraire, que la manifestation pure et simple de la pensée, et, du moment que cette pensée est publiée, tout est dit pour l'auteur ! Il ne doit plus y avoir quoi que ce soit de commun entre lui et son livre, si ce n'est l'honneur de l'avoir pensé s'il est bon, ou la confusion de l'avoir publié s'il est mauvais.

En vérité, c'est là une idée de grande innocence et une naïveté bien au-dessous du mérite des graves esprits qui l'ont tirée de leur fonds !

Voyons, et cela n'est pas difficile à voir, car la chose saute aux yeux, par où pèche l'argument ; il pèche par un oubli de la plus étrange nature, par l'oubli de l'une des deux conditions principales, virtuelles, de toute publication, à savoir, la volonté de l'auteur d'en recueillir le profit en concours avec la gloire.

Et, en effet, n'est-il pas mille fois vrai que la pensée qui préside à la confection comme à la publication de toute œuvre de littérature, de science ou d'art, est, sauf de bien rares exceptions (si même il y en a !) une pensée toujours complexe dans le sens qui vient d'être expliqué ! D'un côté, en première ligne, j'en tombe d'accord, est, avec le zèle qu'inspirent l'amour du vrai ou l'amour de l'art, la stimulation si légitime procédant du désir de se rendre digne des éloges du public : de l'autre côté sont les calculs non moins licites de l'intérêt matériel, excité par la considération des produits pécuniaires de la vente de l'œuvre.

Ceci est tellement clair et tombe si directement sous le sens de chacun, qu'en vérité l'on ne peut assez s'extasier sur la simplicité ou la distraction des raisonneurs qui s'opiniâtrent à ne pas vouloir faire entrer en ligne de compte cette appréciation du caractère réel que revêt l'œuvre littéraire ou artistique, non-seulement par l'intention de l'auteur, mais encore par le fait même de sa publication.

De là, évidemment, il faut conclure à deux éléments de l'œuvre essentiellement distincts, entre lesquels existe cette incommensurable distance qui sépare l'immatériel de l'objet tangible et palpable : l'un de ces éléments, c'est la pensée; l'autre, c'est le livre ou la forme quelconque sous laquelle cette pensée se produit au jour de la publicité.

Chacune de ces parties de l'œuvre a son caractère propre d'où procèdent des effets tout différents.

La pensée, elle, devient, nous l'avons vu tout à l'heure, l'objet d'une jouissance commune existant *ipso facto*, sans que l'auteur lui-même y puisse avoir désormais un droit différent de celui qu'il a donné à tout le monde en la publiant : elle tombe, par la force des choses, dans ce DOMAINE PUBLIC, eu matière littéraire ou artistique, dont parlent tant de gens, sans, bien souvent, s'en être fait une idée nette : elle devient alors l'élément impalpable jeté dans le creuset des intelligences pour y produire, par un mystérieux travail d'assimilation avec les idées existantes dans le propre fonds de chacune d'elles, de nouvelles idées, et pour ainsi concourir au progrès, à l'avancement de l'esprit de tous.

Et voilà le profit légitime, le profit, immense dans sa spiritualité, que le public retire de l'émission des idées utiles de l'œuvre, considérée spécialement sous le rapport intellectuel. Ce résultat est, manifestement, et sans doute aucun, le premier auquel l'auteur aspire : et cette acceptation, cette prise de possession voluptuaire, par la généralité des intelligences, de sa pensée à lui, c'est assurément l'honneur qu'il a souhaité le plus : c'est le prix le plus glorieux de ses labeurs, et, en ce sens, il est permis, il est juste de dire que l'auteur a travaillé pour le public, avec l'intention de lui livrer le fruit de son travail.

Mais il est tout aussi certain, tout aussi manifeste, que ce but n'a pas été, comme nous venons de le voir, le seul but de l'auteur : il en a eu un autre, secondaire si l'on veut, mais qui n'en doit pas moins être pris en très-grande considération : l'auteur a voulu que le travail matériel auquel il lui a fallu se livrer pour donner une forme à l'œuvre immatérielle eût pour lui-même un autre résultat encore, un résultat tout positif, cette fois, c'est-à-dire un produit matériel aussi; et son livre, son tableau, sa statue, etc., qui sont cette forme, ce signe visible de sa pensée, il y a mis un prix en argent, déclarant ainsi par le fait qu'il entendait bien et dûment recevoir ce prix, en échange de la livraison effective à prendre, par chacun, des exemplaires de l'œuvre mise en vente.

Eh bien, n'est-ce donc pas là un fait patent, public, irrécusable, qui donne à l'œuvre comme à l'intention de son auteur un caractère précis et formel qui ne permet de rester dans le doute sous aucun de ces deux rapports, caractère tout différent de cette nature insubstantielle et gratuite sur la considération de laquelle repose l'argument des antagonistes de la propriété des œuvres de l'esprit? Est-ce que par là ne se trouve pas constituée très-clairement, très-valablement la MATIÈRE VÉNALE, c'est-à-dire l'une de ces choses que la société reconnaît comme susceptibles de devenir l'objet des transactions entre les citoyens, et qui le sont essentiellement, par cela même, de possession privative, de commerce et de transmission?

Oui, certes, et cet accord, des deux parts, entre l'auteur qui déclare vouloir vendre et le public qui vient acheter, constitue entre eux un contrat véritable qui, bien que non écrit, n'en a pas moins de valeur légale en se classant tout naturellement parmi ceux qu'admet le Code comme résultat des faits ; ce ne sera si l'on veut qu'un quasi-contrat, mais, en tout cas, c'est un très-réel marché dont la clause réciproque doit s'exécuter fidèlement d'un côté comme de l'autre.

Mais après tout, que parlons-nous d'engagement tacite, de quasi-contrat? Est-ce que nous n'avons pas, pour appuyer la légitime revendication de l'auteur et de sa famille, un texte de loi formel et précis? Est-ce que la question n'est pas tranchée par les dispositions de l'article 546 du Code Napoléon? Que veut dire en effet ceci : « *La propriété d'une chose, soit mobilière, soit immobilière*, DONNE DROIT SUR TOUT CE QU'ELLE PRODUIT ET SUR CE QUI S'Y UNIT *accessoirement*, SOIT NATURELLEMENT, SOIT ARTIFICIELLEMENT, » si ce n'est que l'écrivain, que l'artiste, propriétaires de l'œuvre créée par eux, ont droit aux produits, soit de sa publication, soit de sa reproduction, lesquels produits, de par la loi, s'unissent accessoirement à la propriété par un moyen d'art, « ARTIFICIELLEMENT, » comme dit l'article cité.

Peut-être on me dira que le Code ne s'occupe là que des biens corporels; mais, d'une part, je ne vois pas en quoi l'on serait fondé à dire que l'article laisse en dehors les biens incorporels, car, traitant de la propriété en général, il doit, à moins de formelle exception, s'appliquer naturellement à toute espèce de biens. En effet, la loi ne reconnaît pas moins les biens incorporels que les biens corporels, ce que prouve du reste rationnellement le mot CHOSE, lequel est le plus général, et universalise la désignation.

D'ailleurs, et au besoin, le raisonnement par analogie n'amènerait-il pas au même résultat pour ce qui touche les biens incorporels que pour ce qui concerne les autres?

Évidemment donc, sous quelque aspect que l'on envisage la question, les adversaires du principe de la propriété littéraire sont tombés dans une erreur capitale en fermant les yeux, volontairement ou non, sur la différence substantielle qui existe entre l'idée formulée par le livre ou l'objet d'art, et le produit de sa publication ou de sa reproduction.

Lorsque, suivant la raison et le fait lui-même, cette distinction nécessaire, qui implique division dans les éléments de l'œuvre, tombe sous le sens le moins exercé, les argumentateurs dont je parle affectent de regarder l'œuvre comme indivisible; ils ne veulent pas comprendre ou confesser cette dualité de substance qui constitue, si visiblement pourtant, la propriété littéraire : ils ne veulent voir en elle que son caractère d'utilité morale et d'intérêt public ; ils dédaignent de s'arrêter sur l'idée de son caractère d'intérêt privé, duquel s'induisent si manifestement des droits parallèles à ceux que peut comporter son rapport d'utilité générale, et ils ne savent pas tenir la balance égale entre ces deux natures concurrentes de droits également respectables.

Il y a contrat véritable entre l'auteur et le public, et contrat bilatéral, qui oblige respectivement les deux parties.

Le droit positif vient confirmer ces déductions de la justice et de la raison.

Erreur capitale tout à l'heure signalée des adversaires de la propriété littéraire : confusion et omission qui leur sont communes, et qui sont causes de toutes les complications de la question.

Ainsi, d'après ces étranges logiciens, ce serait parce que l'œuvre est complexe dans son utilité qu'il faudrait annuler celle de ses deux conditions utiles qui tend à rémunérer l'auteur de ses peines et de son travail ! ce serait parce que le public en tire profit qu'il faudrait méconnaître le caractère dont elle est investie aux yeux de l'équité comme à ceux de la loi sociale, par sa nature même de fruit légitime du labeur de l'homme !

Non : ceci n'est pas tolérable ; c'est une erreur trop manifeste pour qu'il ne faille pas l'écarter d'une manière absolue, et la raison, la justice, veulent qu'on en revienne sans cesse à l'idée de la double nature du droit littéraire, entraînant une double conséquence.

Écoutons, en terminant sur ce point, ce qu'a dit et publié en 1836, dans un écrit qui eut du retentissement, un homme de grand sens, de grande délicatesse d'esprit comme de sentiments, et dont la situation sociale ajoute, dans l'espèce, un poids considérable à son opinion sur une telle matière : c'est M. Hector Bossange, l'un des membres les plus distingués et les plus anciens du corps de la librairie parisienne.

Voici ce qu'on lit, à ce sujet, dans son ouvrage ayant pour titre : Opinion NOUVELLE SUR LA PROPRIÉTÉ LITTÉRAIRE :

« ..... Il aurait été ridicule à Newton de prétendre à ce que nul autre que
« lui n'eût le droit d'imprimer que la loi de gravitation régissait l'univers ;
« mais la manière de le dire, de le développer et de le démontrer, mais l'œu-
« vre, LE LIVRE enfin, voilà ce qu'il a pu défendre de copier ou de reproduire :
« LE LIVRE, VOILA DONC LA PROPRIÉTÉ EN MATIÈRE LITTÉRAIRE. »

Cette saisissante et spirituelle définition est assurément ce que l'on peut dire de mieux pour fixer les idées de tous sur le point en question, et c'est par là aussi que je clos, à cet égard, mon examen.

En résumant tout ce qui vient d'être dit et en se reportant par la pensée à tout ce qui constitue le droit de l'auteur sur les produits matériels de son œuvre, il est véritablement impossible, à moins d'abjurer tout sens logique, de ne pas reconnaître en ce même droit tous les caractères de la propriété, telle que la loi sociale l'a faite et la garantit.

Si, comme je crois l'avoir démontré, rien n'est admissible, ni rationnellement, ni juridiquement, dans les motifs allégués pour dénier à la propriété littéraire et artistique cette nature, ce caractère, serait-il vrai, du moins, que, par quelqu'un de ses aspects et à quelque point de vue spécial, ce droit, même désormais reconnu comme propriété réelle, devrait être placé dans une classe à part, dans une catégorie toute spéciale, eu égard à ses tendances, à ses effets, être enfin considéré et traité comme une propriété *sui generis* (c'est le terme qu'affectionnent ses adversaires), une propriété à laquelle on ne saurait reconnaître les mêmes prérogatives qu'à la propriété de droit commun ?

Cette objection contre la propriété littéraire et artistique est l'une de celles que j'ai été appelé à examiner, à fouiller avec le plus de soin, et je déclare, la main sur la conscience, que, de toutes, c'est celle dans laquelle j'ai trouvé, au milieu d'un grand luxe d'esprit et de brillante faconde, le plus de vide, de faux aperçus, de raisonnements bizarres (je dirais baroques, sans mon vif désir de ne blesser personne) et d'arguments en dehors de toute science comme de toute pratique des choses usuelles du droit et des affaires.

Je ne veux pas, certes, répéter ici tout ce que j'ai dit ailleurs à cet égard[1]; mais pourtant le besoin de la discussion présente exige qu'en demandant grâce pour ces redites je signale, au moins en substance, les diverses branches de l'objection; et c'est ce que je vais faire, en ayant soin de fournir immédiatement sur chacune d'elles les observations qui les réfutent et les détruisent.

Et d'abord, de ce qu'un livre, un drame, un tableau, une statue, une partition musicale, etc., ne sont pas choses de même sorte qu'une maison, un domaine rural, une rente sur l'État ou une action de la banque de France, des chemins de fer, etc., on en conclut que, ces choses étant différentes d'espèce, elles ne peuvent être assimilables, et que le JUS AD REM ET IN RE, qui appartient aux unes, ne peut pas appartenir aux autres.

J'admettrai l'objection lorsqu'on me prouvera qu'une maison est même chose qu'un domaine rural, et que ces deux objets, si différents de nature entre eux, sont aussi chose identique avec une action de la banque. Certes, rien ne se ressemble moins entre elles que ces trois natures de biens, et, pourtant, vous tombez d'accord que toutes trois jouissent de l'immunité sociale du droit de propriété le plus absolu ; et, de plus, vous ne contestez apparemment pas que bien d'autres choses encore qui diffèrent essentiellement de celles-là entrent de droit dans la grande famille de la propriété légale; puis vous accordez aussi nécessairement (de gré ou de force, car les principes sont là qui vous y obligent), qu'en dehors des faits d'*emption*, de *succession*, de *possession par prescription*, qui donnent la propriété des maisons, des domaines, des rentes, actions, etc., il y a encore bon nombre d'autres faits qui confèrent très-régulièrement, très-légitimement le droit de propriété, par exemple les faits d'ALLUVION, d'ACCESSION, de DÉCOUVERTE D'UN TRÉSOR, etc., etc., si peu semblables aux précédents, et, de plus, si dissemblables entre eux. Et pourquoi donc alors ne voulez-vous pas que le fait de production d'une œuvre de littérature ou d'art donne à son auteur des droits analogues? Vous êtes en cela dans le faux par votre propre aveu, et vous vous condamnez vous-mêmes !

Mais, dites-vous, si nous accordons aux faits dont il s'agit la prérogative du droit de propriété, c'est parce que les choses créées par eux ont un corps certain, visible, appréciable, tandis que l'œuvre littéraire reste une intellectualité, une entité toute spirituelle, qui n'a point de mesure légale d'évaluation, qui n'est, en un mot, qu'un être de raison sans forme saisissable. — Non,

---

[1] Dans l'ouvrage déjà cité DU DROIT HÉRÉDITAIRE DES AUTEURS (pages 69 à 89).

Voir aussi trois articles successifs des 26 juin, 6 et 14 juillet 1859, publiés dans le journal le MESSAGER.

sans doute. elle n'en a pas pour vous, qui ne la voyez que d'un côté; mais, pour le raisonneur exact et positif, qui la voit sous toutes ses faces, elle a, certes, avec une base d'appréciation tout aussi réelle et sûre que les autres dans la valeur argent qui en est le résultat visible et tangible, une forme non moins palpable, et cette forme est celle sous laquelle l'œuvre se produit au jour de la publicité, livre, pièce de théâtre, tableau, statue, gravure, partition, dessin, etc.

Objection tirée de l'impossibilité d'appliquer à la propriété littéraire les suites du droit de créancier à débiteur.

—

Cette objection se réfute par elle-même.

« Mais enfin (dites-vous encore) est-il donc possible de concevoir la propriété littéraire soumise à toutes les conséquences juridiques qui atteignent la propriété ordinaire, c'est-à-dire les *droits d'un créancier, la saisie, la vente forcée*[1] ? »

Et comment, vous dirai-je, à mon tour, comment est-il possible que votre si vive et si haute intelligence se refuse à concevoir cela? Est-ce que vous êtes sourds et aveugles, pour ne pas voir et ne pas entendre ce qui se dit, ce qui se fait tous les jours dans le monde des affaires? N'est-ce pas précisément ce que vous considérez comme fabuleux et impossible qui est la vérité pratique de tous les moments? Au palais, chez l'avoué, chez l'huissier, n'est-ce pas un spectacle presque quotidien que l'arrêt ou l'acte d'exécution juridique des droits d'un créancier sur son débiteur homme de lettres, ou artiste, soit par voie de saisie mobilière, soit par voie de saisie-arrêt sur le prix de la vente de l'œuvre, ou de vente forcée du droit de publication, de reproduction ou de représentation? Et, depuis des siècles que cela se pratique, quelle est donc la grosse difficulté, le paralogisme légal qui ont été signalés et qui vous font prendre en effroi cette conséquence du droit de propriété littéraire et artistique? Que si, à votre sens, il ne faut partir que de 1791, rassurez-vous encore; l'essai pratique fait pendant soixante-dix ans consécutifs sur la propriété viagère devient la garantie la plus réelle et la plus infaillible de la complète faculté d'une exécution semblable sous le régime de la propriété perpétuelle!

En dernière analyse, vous vous réfugiez dans la considération des embarras inextricables, suivant vous, que causerait le fait d'hérédité si la propriété devenait perpétuelle, à raison de la division possible à l'infini, d'abord entre les trois lignes, et ensuite entre les têtes comptant dans chaque ligne. Mais l'examen de cette objection dernière, qui est moins sérieuse encore que les autres, ainsi que je le vais bientôt démontrer, rentrant dans le débat relatif à la question de perpétuité que je vais aborder à l'instant, je réserve pour la discussion de ce point spécial la réponse que j'ai à faire à l'objection dont il s'agit.

Énorme contradiction dans le système des adversaires du principe de perpétuité.

S'il était nécessaire de constater une fois de plus l'inconsistance des doctrines si malencontreusement inventées pour les opposer au principe véritable de la propriété littéraire, on en trouverait l'occasion dans un retour sur les faits qui se sont passés à partir de 1789, et dont l'exposé précède.

[1] Objection faite avec grande solennité, devant le congrès de Bruxelles, par plusieurs des principaux orateurs entendus contre la perpétuité.

En effet, depuis les trois quarts de siècle environ qu'il a pris fantaisie à certains raisonneurs excentriques (l'excentricité n'exclut ni l'esprit, ni le talent, ni même la bonne foi!) de contester la propriété littéraire, laquelle avant eux vivait tranquille et respectée, aucun d'eux pourtant n'a manqué, se donnant à lui-même un démenti qui du reste l'honore, de la reconnaître et de fait et de droit en la personne de l'auteur. Tous les argumentateurs sont, à cet égard, tombés constamment d'accord, et il a été avoué de tout le monde que cette jouissance devait être entière, complète, absolue, quant à l'auteur, tant qu'il existe. Nul n'a contesté que lui seul alors dût demeurer souverain maître de son œuvre, avec exclusive faculté d'en autoriser les reproductions. Nul n'a jamais pensé à restreindre, en quoi que ce fût, ce droit de possession sans limite comme sans contrôle.

De cet universel assentiment il faut prendre acte avec soin, car il renferme en lui l'un des plus puissants arguments qu'on ait à faire valoir pour bien démontrer le non-sens de la doctrine de confiscation de ce même droit sur la famille de l'auteur : c'est ce qui sera développé un peu plus loin.

Donc, tant qu'existe l'auteur, tout est bien, et chacun se fait un devoir de respecter sa jouissance ; mais, à sa mort, cet accord se brise, et sur son cercueil, où l'on ne devrait jeter de toutes parts que des couronnes, quelques-uns se prennent à jeter comme une malédiction pour sa descendance ; on se dispute sur sa tombe la possession du fruit de ses labeurs, et, si l'on ne peut arracher à ses enfants leur héritage de gloire, du moins on prétend leur ravir, avec le droit qu'avait leur père de disposer de son œuvre, les légitimes profits qu'elle doit produire.

A ce moment, en effet, doit (suivant les antagonistes du droit perpétuel) changer complètement le sort de cette œuvre ; à cette heure marquée elle s'échappe, avec la vie, des mains de l'auteur par l'effet d'un principe (sur lequel nous allons tout à l'heure nous expliquer), et la famille en est dépossédée de droit par cela même. Si, disent les adeptes de cette idée, quelques législations ont admis les représentants naturels de l'auteur à jouir encore pendant quelques années après sa mort de son droit personnel ; si quelques autres se préparent à étendre cette disposition, ce n'est, ce ne peut être (suivant les mêmes argumentateurs) que par suite d'une concession de tolérance qu'autorise le principe dont s'agit, mais c'est là une pure exception, qui, comme toujours, confirme la règle.

Ainsi donc, comme on le voit, c'est l'ouverture du droit d'hérédité qui fait naître la question de perpétuité du droit littéraire.

Or, cette question qui reste à examiner est celle-là même dont tout à l'heure j'annonçais la discussion comme prochaine, discussion que j'aborde actuellement.

De même qu'il n'y a pas, pour la société, de garantie plus solide de son repos que la propriété bien comprise et fidèlement protégée, de même la propriété

§ 10.

N'est-il pas mani-
feste qu'il n'y a aucun

n'a pas d'attribut plus intime et qui lui soit plus étroitement, plus substantiellement uni, que la PERPÉTUITÉ, et par conséquent l'HÉRÉDITÉ.

C'est parce que la propriété se perpétue héréditairement dans les familles, que tout citoyen est naturellement incité, encouragé au travail par l'idée que les fruits qu'il en doit retirer seront le patrimoine de ses enfants ; et c'est ce zèle, c'est cette ardeur au travail qui maintiennent le calme, l'harmonie et la prospérité de l'État.

Partout donc où il y a une agrégation d'hommes civilisés, il faut qu'il y ait propriété ; et partout où il y a propriété, il est nécessaire, il est logique, il est obligatoire qu'il y ait perpétuité en elle, pour que l'hérédité en découle au profit des légitimes intérêts privés comme au profit du bon ordre social.

Je ne chercherai pas à confirmer par la leçon de l'histoire une proposition dont la vérité est tout d'abord sentie et reconnue de tous. Personne n'ignore que les pays et les peuples, en petit nombre, où la propriété resta mobile, précaire ou même simplement sans protection efficace, furent ceux où les agitations permanentes et les malheurs publics qui en dérivent furent le plus fréquents, furent continuels, devrais-je dire, et chez lesquels l'esprit de famille et les mœurs nationales laissèrent toujours le plus à désirer. Il est clair, en effet (à moins de supposer le fait, par grand malheur impossible ! d'une population composée tout entière de chrétiens accomplis, dans le cœur desquels l'ardeur réciproque du zèle charitable et de l'amour du prochain aurait écrit la loi et la volonté spontanée, sincère, permanente, du partage incessant des richesses); il est clair, dis-je, que le pouvoir social doit, de toute nécessité, se charger de défendre le bien de chacun contre les convoitises et les cupidités qui en peuvent menacer la tranquille possession. Il n'est pas moins certain que c'est la conviction donnée par des lois fortement protectrices de l'inutilité des entreprises de spoliation qui décourage les spoliateurs et qui éteint, dans le plus grand nombre, le désir et l'idée de les tenter. Et quel gage plus sûr la loi pourrait-elle offrir de ce découragement tutélaire des mauvaises passions, que de mettre la propriété sous la sauvegarde du principe et du fait de la perpétuité et de l'hérédité ?

Aussi est-ce sur cette base que les siècles ont chez nous institué la propriété.

Or, il a été précédemment établi que le droit littéraire et artistique constitue essentiellement une propriété privée, la plus noble et la plus légitime de toutes, car elle sert l'intérêt public autant pour le moins que l'intérêt particulier. Il y a donc nécessité logique et absolue de considérer ce droit comme investi, par sa nature même et par la force des choses, de la double prérogative dont il est présentement question, c'est-à-dire de voir en lui une propriété perpétuelle et héréditaire.

Après cela qu'on argumente tant qu'on voudra sur ce qui touche l'établissement primordial de la propriété parmi les hommes ; que l'on élève toutes les controverses possibles sur son origine et qu'en fouillant jusqu'à sa base on en recherche les plus primitifs errements ; que, par suite, et en vertu de telle ou

telle théorie plus ou moins ingénieuse ou bizarre, plus ou moins claire ou con-
fuse, l'on soutienne que la propriété n'est pas de droit naturel [1] et qu'elle n'a
procédé que d'une convention de la société, laquelle a pu dès lors lui imposer
telles conditions qu'il lui a plu, et qui, ayant fait ces conditions, les peut par cela
même modifier à son gré ; que, dis-je, l'on se prenne à m'objecter tout cela,
je répondrai : Peu m'importe ! La question que je discute n'est pas là, et toute
cette thèse philosophique est ou hors-d'œuvre quant à celle dans laquelle je me
renferme. Je ne cherche pas, en effet, à poser des principes, je m'arrête aux
principes posés ; je prends pour bon, j'accepte pour règle ce qui existe, et je
raisonne, non d'après des hypothèses, mais d'après des faits; non d'après ce
qui pourrait être, mais d'après ce qui est : or, ce qui est certain et positif, ce
qui est un fait avéré de tous, c'est que, en l'état, la propriété telle qu'on la
comprend et la définit par ce mot et telle qu'elle est constituée parmi nous
par l'autorité des siècles et des lois a pour attribut constant, pour caractère
général indélébile, la jouissance en perpétuel, d'où résultent forcément le fait
et le droit de la transmission héréditaire. Ce n'est que par une exception, qui
a sa cause et sa raison d'être dans la nature même des choses, que cette
forme quasi-universelle d'exercice du droit de propriété se modifie, et que la
jouissance devient viagère ou usufruitière. Le droit commun des possesseurs
c'est donc la perpétuité et l'hérédité, et c'est celui qui, de toute évidence, appartient à la propriété littéraire ou artistique. Hors de là tout est confusion, erreur ou sophisme.

Mais, a-t-on dit et dira-t-on encore sans doute, « la succession ouverte, que
« deviendra la propriété à travers les héritiers successifs appelés à la recueil-
« lir ? Et n'est-ce pas une étrange illusion que de croire que ce patrimoine sera
« conservé et administré comme le serait le champ ou la maison toujours de-
« bout, se fertilisant et continuant de produire par le travail de l'héritier,
« comme avait fait son auteur? On l'a dit *avec autant de justesse* que d'esprit :
« ce droit sera promptement aliéné, et, loin que le public en ait profité, vous
« aurez créé des fiefs en faveur des enfants et arrière-petits-fils de quelque puis-
« sant industriel. »

Objection tirée du fait de la divisibilité possible, à l'infini, des héritages.

—

Rien de réel, rien de sérieux dans cette ob-jection.

Je précise et j'accentue l'objection par l'emploi des propres paroles des honorables adversaires du droit de propriété qui l'ont reproduite, avec le sérieux
de leur situation sociale et de leur incontestable talent, devant le congrès de
Bruxelles : et je le fais parce que ces situations mêmes donnent à l'objection
une solennité qui commande plus particulièrement l'attention : j'ajoute que la
haute estime que je fais de leur caractère personnel m'est une raison de plus

---

[1] S'il s'agissait de discuter ici sur ce point de doctrine, je n'hésiterais pas à dire que je re-
garde l'assertion comme très-hasardée, sinon comme tout à fait contraire à la raison. Je considère, avec tous les publicistes les plus autorisés, les lois de la famille comme étant de droit
naturel; or, qu'est-ce que la transmission héréditaire des biens, si ce n'est l'une des conséquences directes de l'obligation du père de pourvoir au bien-être et à l'avenir de ses enfants?

pour mettre à l'examen de la difficulté soulevée cette grande importance; ici, ce n'est pas le raisonnement qui m'impose, ce sont les hommes.

Je complète l'argument en y ajoutant le développement qui lui a été donné depuis, à savoir, « les suites inévitables après un long temps de possession « privative, de la divisibilité à l'infini parmi les héritiers de l'auteur, la- « quelle rendra pour ainsi dire impossible de reconnaître le propriétaire de « l'œuvre. »

Voilà certes la difficulté bien nettement exposée et définie. Voyons donc actuellement en quoi tout cela peut faire, en effet, obstacle à l'application légale du droit de propriété à l'égard des œuvres littéraires ou artistiques et surtout à sa perpétuité.

Et d'abord il faut distinguer : est-ce en ce qui concerne les intérêts des co-héritiers entre eux? Est-ce en ce qui concerne les droits des tiers contre eux?

Raisonnons dans la première hypothèse :

J'admets la plus longue période de transmission et la plus grande divisibilité possible : *Que deviendra* (demande-t-on) *la propriété de l'œuvre à travers ces héritages successifs?* Mais, évidemment, ce que devient tout droit quelconque tombant dans une succession, c'est-à-dire que la propriété de l'œuvre sera traitée, eu égard aux héritiers entre eux, comme le sont par la loi commune tous les biens corporels ou incorporels de l'hérédité : c'est-à-dire encore que ce droit tombera sous le coup des articles 827, 1680 et 1688 du code Napoléon; c'est-à-dire enfin que, si les héritiers ne peuvent s'accorder pour investir un seul d'entre eux de la jouissance exclusive de l'œuvre, moyennant les compensations et soultes d'usage, le droit sera *licité*, et que, par là, un seul possesseur sera substitué légalement au possesseur multiple; et comme, à l'égard de ce propriétaire nouveau, il sera ainsi procédé en sa propre hérédité, puisque c'est la loi de toute succession, il en résulte que toujours l'œuvre aura un possesseur certain et reconnaissable, sans que, pour cela, le droit des héritiers ait reçu d'atteinte.

Niera-t-on la faculté de faire liciter un droit incorporel, en se fondant sur ce que l'art. 827 ne parle que des immeubles? Mais alors je répondrai par la citation des art. 575 et 1686, qui tranchent la difficulté en admettant le droit de licitation sans distinction de la chose mobilière ou immobilière. D'ailleurs, est-ce que tous les jours, en pratique, on ne licite pas un *droit de bail*, chose essentiellement mobiliaire[1] ?

Mais, s'écrie-t-on, alors par l'aliénation du droit vous faites sortir la propriété de l'œuvre de la famille de l'auteur, ce qui, en fait, revient finalement

---

[1] Les personnes familiarisées avec les matières du droit pourront trouver que j'insiste dans cette discussion sur quelques points trop élémentaires et trop peu susceptibles de débat; mais ces personnes voudront bien réfléchir que je n'écris pas seulement pour elles, et considérer que ma thèse s'adresse plus encore peut-être à grand nombre d'esprits qui, tout distingués qu'ils soient, ont beaucoup moins l'habitude des questions juridiques, et à l'égard desquels il est nécessaire de dire et d'expliquer clairement ce qui, pour d'autres, s'induirait de soi-même.

à sa possession actuelle par le domaine public; et, de plus, en faisant passer cette propriété dans les mains d'un tiers, « loin que le public en profite, vous créez des fiefs en faveur des enfants et arrière-petits-fils de quelque puissant industriel ! »

Il y a ici une distraction étrange. On oublie complétement que si les héritiers aliènent l'œuvre, ils reçoivent sa contre-valeur en argent, et que ce produit vient remplacer dans l'hérédité le bien qui en est sorti par la cession. Or c'est là ce qui arrive à tous les moments de la vie civile, de la part de tous les héritiers quelconques, car, certes, l'on en voit peu conserver éternellement en leurs mains les meubles ou immeubles de leur auteur, ou médiat, ou immédiat. Pourquoi donc la succession littéraire ou artistique serait-elle mise à l'état d'exclusion sous ce rapport?

Et l'on ne peut même pas dire avec vérité qu'ainsi se renouvellera le scandale de nos jours, qui nous offre, végétant dans l'indigence ou périssant de misère, les descendants de nos grands écrivains ou de nos grands artistes, à côté d'étrangers enrichis du produit des œuvres de leur chef de famille. En effet, légalement l'héritier n'aura pas été frustré comme il l'est dans l'état présent de la loi d'exception qui le dépouille. Il aura reçu, au contraire, tout ce qu'il devait recevoir : légitimement, l'étranger aura été investi de la propriété de l'œuvre, puisqu'il l'aura régulièrement et loyalement acquise et payée : il n'y aura eu dans tout cela que l'effet naturel et avoué de ce mouvement incessant des choses du commerce social qui fait, avec le temps, passer de mains en mains, par la libre volonté comme par l'emploi de moyens permis et réguliers, les biens et droits de chacun.

Il n'y aura pas plus là « de *fiefs constitués* au profit des descendants d'un puissant industriel » que n'en constitue dans les familles, même les moins industrielles et les moins puissantes, la loi qui règle les successions au regard de tout le monde. Ce qui serait la création d'un fief véritable en désharmonie avec nos principes d'égalité, ce serait de vouloir immobiliser dans les familles d'auteurs la propriété de leurs œuvres, lorsque, tout au contraire, dans l'économie de notre droit public actuel, cette propriété doit rester sous l'empire de la loi qui régit les biens de la généralité des citoyens.

Que si, par suite, il arrive, en ce qui touche la succession littéraire ou artistique, que le prix de la vente de l'œuvre ne s'y retrouve plus après un laps de temps quelconque, parce qu'il aura été dissipé, ce sera là sans doute une contingence fâcheuse, mais elle est commune à toute autre nature de chose successorale. Ce sera un préjudice pour les héritiers de l'auteur, mais tous autres héritiers sont exposés à le subir par le fait de leurs devanciers, et il n'y a rien à faire à cela, pas plus dans un cas que dans l'autre, puisque c'est une conséquence inévitable de la nature même du droit de propriété et de la liberté des transactions.

Les défenseurs de la propriété littéraire sont si pénétrés de cette vérité, que jamais il ne leur est arrivé de demander pour elle autre chose que le droit commun. Ce sont leurs adversaires qui, ou ne les comprenant pas, ou voulant les mettre en défaut vis-à-vis de l'opinion, imaginèrent de leur jeter à la tête ce reproche de prétendre créer des majorats dans les familles d'écrivains ou d'artistes; mais cette fiction bizarre a fini par être désertée de tous les argumentateurs sérieux. J'en appelle à la gravité de ceux que je combats ici, contre le reproche de *création d'un fief au profit des industriels*, et je suis convaincu que, d'eux-mêmes, ils reconnaîtront que la pensée n'est pas plus juste dans un sens que dans l'autre.

Il est une autre idée enclavée dans les termes de l'objection qui demande qu'on s'y arrête un moment; on y lit : « *Le droit sera promptement aliéné*, et, lors que le public en profite... » Que veut dire ceci? et qu'a le public à faire dans le domaine utile de l'œuvre, dans le profit pécuniaire des reproductions? Rien, certes, et l'on ne peut voir dans ces mots échappés à l'un des auteurs de l'objection qu'une distraction, ou que l'effet de cette préoccupation qui ne laisse apercevoir aux adversaires du droit de propriété littéraire que l'une des faces de la question, celle de la nature purement intellectuelle de l'œuvre, laissant dans l'ombre celle de sa nature matérielle, qui suppose le droit de l'auteur et de sa famille à recueillir le profit pécuniaire dont il s'agit. Le vrai et seul profit du public, je l'ai dit déjà, c'est la jouissance voluptuaire de l'œuvre utile, et c'est la reproduction de l'œuvre par les ayants droit à cette reproduction qui la lui procure. Il ne peut pas, il ne doit pas *profiter* d'autre chose : le reste appartient à l'auteur et à ses héritiers. D'ailleurs, oublie-t-on que, même dans le cas de dévolution au public, le véritable bénéficiaire n'est pas lui, mais, tout au contraire, un très-petit nombre de spéculateurs qui recueillent au lieu et place de la famille de l'auteur les profits de la reproduction. Le public, lui, n'en est ni plus ni mieux servi; il l'est même très-souvent plus mal à beaucoup d'égards.

Au demeurant, comme l'oubli que je viens de relever est le mot de toutes les confusions et de toutes les erreurs commises jusqu'à ce jour dans la discussion, j'ai pensé que l'on ne saurait trop les signaler quand la trace s'en montre aussi clairement.

Mais, dira-t-on, si, d'après vous-même, la propriété de l'œuvre a si peu de chances de rester dans la famille, à quoi bon changer la loi actuelle? A quoi bon? mais à rentrer dans le vrai, dans le juste, dans le droit! à rendre hommage au plus sacré de tous les principes, premier fondement de toute législation sociale, donner a chacun ce qui lui appartient! *Jus suum cuique tribuere!* enfin, à faire disparaître de nos codes une énorme anomalie qui les dépare! Trouvez-vous donc que ce ne soient pas là motifs suffisants? Personne, à coup sûr, ne serait de votre avis.

J'aurai épuisé ce qui est à dire sur l'objection, pour ce qui touche le droit des héritiers considéré en lui-même, quand j'aurai fait observer qu'à supposer qu'il y eût intérêt pour eux à éloigner le moment de la licitation de l'œuvre, parce que le temps ne serait pas venu d'en obtenir la véritable valeur moyennant une estimation sortable et de raisonnables enchères, il y aurait pour eux alors possibilité parfaite de conserver entre eux la propriété sans la diviser. L'article 815 du Code Napoléon leur viendrait en aide sur ce point, puisqu'il permet de rester dans l'indivision pendant un temps à peu près illimité, lorsqu'il y a accord entre les intéressés[1]. La nomination d'un séquestre chargé de surveiller les reproductions dans l'intérêt de tous, comme d'en répartir les profits, pourvoirait à toutes les exigences de cet acte provisoire, susceptible de se prolonger presque indéfiniment ; c'est, au reste, une situation que la loi nouvelle pourrait légaliser pour le définitif, si besoin était.

Maintenant que nous savons que la perpétuité du droit littéraire ne saurait causer aucun embarras réel dans la succession, relativement à l'exercice des droits des héritiers entre eux, voyons en quoi elle peut faire obstacle à l'action des tiers, y compris le domaine public.

Il est à peu près certain que, quant à celui-ci, dans les seules conditions raisonnables et légitimes de son intervention, telle que tout à l'heure nous allons l'expliquer, il y aura bien rarement lieu de recourir à la dépossession légale temporaire des héritiers, d'où il suit qu'il n'y aurait pas grand risque ni grand péril à courir, quand bien même arriverait cette divisibilité à l'infini qu'on redoute comme complication dans l'exercice de l'action dont il s'agit. Mais je vais plus loin, et je dis que jamais cette difficulté ne se présentera, vu le système dans lequel aurait lieu la dépossession. C'est, en effet, comme on va le voir, page 75, la date de la dernière édition faite par l'héritier qui déterminera seule l'exercice du droit accordé aux éditeurs du domaine public, droit qui existera *de plano*, faute d'une édition nouvelle par la famille dans le cours de dix années, à partir de cette date sur laquelle il ne peut jamais y avoir incertitude. Il est manifeste que, dans une telle situation, la connaissance du personnel des héritiers n'importe aucunement, et que, si divisés en branches et en têtes qu'on les veuille supposer, leur individualité n'est d'aucun poids dans la balance. Tout libraire, tout spéculateur pourra éditer le livre ou l'objet d'art, par cela seul qu'il y aurait dix ans écoulés depuis la dernière reproduction, et par conséquent il sera tout à fait inutile à lui comme à d'autres de s'inquiéter de la personne des héritiers, ceux-ci ne recouvrant leur droit exclusif qu'à l'aide d'une édition faite par eux-mêmes et pouvant le perdre de nouveau, s'ils ne la renouvellent pas dans les dix années à partir de celle-ci. Dans tout cela, s'il y a des justifications à faire, c'est aux héritiers qu'elles incombent. A eux alors de se mettre en règle à cet égard. Quant au domaine public et à ceux qui le représentent, ils n'ont à s'en occuper en aucune manière.

Cette règle peut sembler sévère aux amis trop absolus du droit des familles, mais elle est la conséquence logique de ce que nous avons appelé ci-devant la

---

[1] *On peut convenir de suspendre le partage pendant un temps limité. Cette convention ne peut être obligatoire au delà de cinq ans; MAIS ELLE PEUT ÊTRE RENOUVELÉE. (Code Napoléon, 815.)*

DUALITÉ de nature de la propriété littéraire ; si le droit de l'auteur est certain, le droit du public l'est également : il faut donc que chacun d'eux reçoive satisfaction ; cette satisfaction, elle est donnée à l'auteur par la prérogative de transmission à sa descendance : elle doit l'être au public par la certitude que les cohéritiers ne le priveront pas, involontairement ou à dessein, du bénéfice moral de la reproduction de l'œuvre en temps utile. Ainsi se concilient tous les principes et tous les droits.

De ce qui précède il faut conclure que ni la cession du droit littéraire ni sa divisibilité ne sont un obstacle sérieux à l'exercice de la prérogative du domaine public.

S'agira-t-il de droits privés, la question se simplifiera bien plus encore.

En effet, il est clair que ces droits ne sauraient appartenir qu'à deux sortes de personnes, savoir : les créanciers de la succession possesseurs de l'œuvre, ou les créanciers personnels de l'un des héritiers.

Il n'est pas moins évident que ces créanciers doivent être contemporains ou à peu près de l'ouverture de la succession contre laquelle ils ont des droits collectifs ou individuels à réclamer (succession qui sera, chose possible ! la troisième, quatrième, dixième, etc., ouverte depuis la mort de l'auteur commun). Il serait en effet par trop absurde de supposer que ces créanciers datassent d'un temps beaucoup plus éloigné, et eussent laissé plusieurs successions s'ouvrir à la suite l'une de l'autre sans exercer leurs droits contre leurs débiteurs.

Or, il n'est pas possible non plus de supposer qu'un créancier ne connaît pas son débiteur et qu'il ne sait pas quels sont les biens visibles et extérieurs de celui sur lequel il peut avoir action. Si le créancier en est à ce degré d'innocence ou de maladresse, il ne peut imputer qu'à lui l'obstacle qui l'empêche d'agir. Mais en tout cas, et à défaut d'aptitude par lui-même, les registres publics de déclaration d'ouverture de successions déposés aux bureaux du fisc, ceux ouverts aux greffes des tribunaux civils pour les acceptations ou renonciations, aussi bien que les minutes des inventaires qu'ils relatent déposés chez les notaires, sont là pour donner au créancier tous les renseignements dont il a besoin. Par là, tous peuvent savoir quelle est la personne des héritiers, quelle est la quote-part de chacun, quelles sont les forces de la succession, et quelle chance de bon ou mauvais succès peuvent avoir leurs poursuites, soit contre la masse, soit contre l'individualité. Peu leur importent les successions ouvertes avant celle-là, les divisions ou subdivisions qu'elles ont créées antérieurement : il leur suffit de savoir en quel état les choses se trouvent, quant à la propriété de l'œuvre, dans la succession présente, et c'est ce que leur disent et l'*inventorié* des titres, et l'*établissement des qualités* qui le précèdent. Que peuvent-ils demander et que peut-on souhaiter de plus pour eux ? Concluons que cette autre partie de l'objection n'a rien de plus réel et de plus sérieux que la première.

Ainsi donc, on le voit, on a beau creuser l'argument, on ne trouve rien au fond, et, s'il est bien vrai qu'il a donné lieu à de grands développements de la

part de ses auteurs et qu'il a fort ému le congrès de Bruxelles, il se réduit tout
à fait aujourd'hui à l'état des bâtons flottants de la fable. Que si mes lecteurs
me reprochent de leur avoir pris nonobstant une si grande part de leurs moments pour le traiter devant eux, je m'en excuserai par la considération déjà
présentée tout à l'heure des égards que je devais à la personne des honorables
orateurs qui l'ont reproduit devant cette assemblée.

RÉSUMÉ DE LA DISCUSSION en ce qui touche le droit littéraire en lui-même.

Reprenant maintenant les choses au point où je les ai laissées pour me livrer
à cette digression nécessaire, je dis que du moment où des principes aussi
sûrs, aussi puissants que ceux qui ont été précédemment invoqués démontrent
que la propriété des œuvres de l'esprit est essentiellement assimilable à toute
autre propriété, par cela même il reste démontré que la loi, bien loin de la
placer dans une exception de défaveur, doit tout au contraire, en faisant tomber devant elle les restrictions précédentes par l'abolition de la législation exceptionnelle qui l'opprime lui assurer toutes les immunités dont jouit, sous
ses auspices, la propriété de droit commun, c'est-à-dire l'inviolabilité, la perpétuité et l'hérédité.

Or, en un cas seulement, la jouissance du propriétaire, eu égard à ces trois
prérogatives fondamentales de la propriété, peut être légalement atteinte :
c'est le cas où l'utilité publique exige le sacrifice de son bien, qu'il soit meuble
ou immeuble.

Il reste donc à voir comment la propriété littéraire et artistique peut tomber
sous le coup de la loi d'expropriation pour cause d'utilité publique et dans
quelles conditions cette loi peut alors s'exécuter en ce qui la touche.

Je suis ainsi naturellement amené à la seconde des questions ci-devant posées, et c'est à cette discussion que maintenant j'arrive.

II

QUESTION DU DOMAINE PUBLIC.

Quel que soit le respect dû par la puissance sociale au droit privé des citoyens, il est quelque chose de plus digne encore de ce respect, c'est le droit
de la cité. L'un, en effet, ne procède que d'un intérêt individuel, l'autre puise
sa source dans l'intérêt de tous. Celui-ci donc peut, parfois, dominer le premier, et il n'est pas un membre de la société qui ne doive au bien social le sacrifice d'une part quelconque de son propre bien ou de ses convenances les
plus chères, alors que l'intérêt public les réclame.

§ 1.

L'exercice du droit d'expropriation pour cause d'utilité publique est-il susceptible d'application à la propriété littéraire ?

Oui.

DÉMONSTRATION.

Sacrifice de l'intérêt privé à l'intérêt public, règle fondamentale de toute société humaine.

Cette loi, c'est la loi substantielle et fondamentale des sociétés humaines,
car, hors d'elle, bientôt se brise le lien qui les maintenait. Et non-seulement
ce principe est ainsi le gage de leur durée, mais il en est aussi l'honneur : c'est
leur titre de noblesse, en les comparant aux sociétés des autres êtres créés

auxquels la nature a donné l'instinct de la vie en commun. Celles-ci n'ont de l'association que la matérialité, que l'effet physique et inintelligent. Seul l'homme a la conscience des devoirs qu'elle impose et le mérite raisonné des sacrifices par lesquels il paye la protection et le bien-être qu'il en reçoit. La vie sociale, dignement pratiquée, est le cadre où brillent le plus toutes les qualités qui relèvent la dignité de notre nature, et le spectacle d'une société bien ordonnée est la plus éclatante manifestation des augustes sollicitudes de Dieu en ce qui touche la noblesse d'essence de notre âme, c'est l'une des plus fortes preuves de sentiment qui puisse être invoquée en faveur de sa spiritualité, de son immortalité.

Ainsi, cette immolation de l'intérêt d'un seul à l'intérêt de tous, il faut que, malgré sa sévérité, chacun s'y soumette sans résistance, car il ne doit jamais oublier que, membre de la grande famille, il lui doit en tous temps, en toutes choses, sympathie et dévouement.

Est-il nécessaire de faire ici une distinction qui est naturellement dans la conscience de chacun et de constater que cet intérêt général qui se place au-dessus des droits individuels c'est celui-là seul que proclament et recommandent la raison, la justice, la saine morale, que cette utilité publique à laquelle est dû le sacrifice des intérêts particuliers c'est celle-là seule aussi qui peut être avouée par l'équité sociale? Ai-je besoin de dire qu'ici comme partout doivent être proscrits et repoussés et cet intérêt qui ne s'appuie que sur un brutal désir de possession du bien d'autrui et cette utilité qui n'est que l'odieuse traduction d'un sentiment cupide?

Si, dans des temps de trouble moral, ces mauvaises passions ont pu se faire jour dans bien des cœurs; si, d'elles a procédé une fatale doctrine qui, sans oser admettre ouvertement que l'utile doit prendre le pas sur tout en ce monde, se conforme trop souvent dans la pratique à ce déplorable enseignement, il n'en est que plus vrai que le principe utilitaire ainsi entendu est un principe à mettre au ban de toute société humaine digne de ce titre. Que si quelque peuple, bien malheureusement inspiré, s'était pris, de nos jours, à en faire la base de son droit des gens, ah! plaignons-le de cette inspiration qui le placerait dans un interdit moral dont ne sauraient le relever même les plus brillantes qualités. Nous n'admettons pas, quant à nous, que dans notre pays, entre tous le pays de l'honneur, cette exagération folle et coupable du sentiment de la personnalité puisse passer jamais dans nos mœurs privées ou publiques. Aussi, rien de semblable à elle ne saurait se trouver, ni en germe ni en application, dans la loi sociale dont nous avons à définir les motifs et les effets.

Mais revenons à des idées d'un ordre plus pratique, plus rapproché de la thèse de droit strict que je soutiens.

Par ce qui précède l'on peut voir que je n'ai garde de décliner, à l'égard de quoi que ce soit, l'application du droit d'expropriation pour cause d'utilité publique, et que j'en admets, au contraire, la pleine et respectable autorité.

Je reconnais donc et je concède avec empressement que, comme la propriété littéraire peut, à certains égards, impliquer les intérêts généraux du pays, elle est par cela même soumise à l'exercice du droit d'expropriation pour cause d'utilité publique.

Mais, de ce que le droit dont il s'agit atteint toute sorte de propriété, ce n'est pas à dire que les sacrifices qu'il demande soient de ceux qui se font à l'aveugle et sans terme ni mesure. La sagesse sociale a pourvu à l'abus du droit en en réglant l'usage et le bon sens, la justice du législateur ont donné à cet usage des bornes qui ne doivent pas être dépassées, en entourant son exercice de précautions et de garanties qui sont la sauvegarde des citoyens contre toute surprise et toute iniquité.

De plus, la législation, avec la même prévoyance, a admis autant d'adoucissements que possible à la rigueur de la mesure par d'équitables compensations au profit de celui qui en doit souffrir.

Ainsi, non-seulement il faut que l'utilité de l'expropriation soit établie et constante, mais encore la loi exige que l'exproprié reçoive, avant tout, la juste indemnité du bien que lui prend la communauté.

Ce sont là des errements de sagesse et d'équité que le droit a consacrés et sur lesquels il n'y a pas de controverse possible, car le Code a parlé : « Nul (dit-il) ne peut être contraint à céder sa propriété, *si ce n'est pour cause d'utilité publique et moyennant une juste et* PRÉALABLE *indemnité*. (Code Napoléon, art. 545.)

Et la loi réglementaire de cette disposition (8 mars 1810) porte qu'aucune expropriation ne peut être prononcée « *qu'autant que l'utilité en a été établie dans les formes voulues*. »

Tout ceci étant bien constant, bien entendu, il reste à voir comment la propriété littéraire et artistique, rentrée dans le droit commun par le rappel de la loi d'exception qui la régit aujourd'hui, peut tomber sous le coup de l'expropriation pour cause d'utilité publique et dans quelles conditions la loi de dépossession doit alors s'exécuter à son égard.

Et d'abord examinons, déterminons en quoi et quand il peut y avoir utilité publique à ce que la communauté s'approprie l'œuvre de littérature ou d'art, par la dépossession de l'auteur en la personne de ses héritiers.

EN QUOI? Évidemment en ce qui touche l'intérêt intellectuel, c'est-à-dire le besoin de propagation des lumières et d'avancement des esprits : car, pour ce qui concerne l'intérêt matériel, c'est-à-dire le profit pécuniaire à retirer de la publication de l'œuvre, la communauté ne peut envier à l'auteur ce fruit de son travail, non plus qu'elle ne doit l'enlever à sa famille. Ce serait là, en effet, l'une de ces applications de la doctrine utilitaire que stigmatise et que repousse si énergiquement l'équité sociale.

QUAND? Mais, apparemment, quand la nécessité en sera venue, c'est-à-dire quand il sera incontestable que l'exercice du droit exclusif de reproduction de l'œuvre laissé à l'auteur et à ses descendants comme inhérent à la propriété

§ II.

L'application à la propriété littéraire du droit d'expropriation pour cause d'utilité publique ne doit-elle pas être subordonnée aux mêmes règles que celles auxquelles l'exercice du droit en question est astreint à l'égard de toute autre propriété ?

§ III.

N'est-il pas par conséquent illégal autant qu'il est illogique d'appliquer à la propriété littéraire la dépossession à priori sans constatation préalable de la raison d'utilité publique et sans l'indemnité en tel cas dévolue par la loi ?

Oui.

EXONÉRATION.

En quoi et quand y a-t-il utilité réelle et légitime à exproprier la famille de l'auteur ?

se trouvera ne plus servir assez efficacement le besoin de diffusion des idées utiles du livre ou des beautés d'art de la statue, du tableau, etc., etc.

Ou je me trompe bien, ou cette double proposition est si claire et si palpable qu'il n'y saurait être contredit que par des sophismes ou des nonsens. Il serait dès lors superflu de chercher à mieux établir la base de la discussion.

D'autre part, je pose en fait qu'il est impossible d'arguer raisonnablement d'aucune autre raison que de celles-là pour motiver l'expropriation.

Il est donc manifeste que la question d'utilité publique se circonscrit naturellement dans l'examen des deux propositions dont il s'agit.

Procédons en conséquence à cet examen.

La première est si claire et si simple en elle-même, que l'énoncer c'est l'établir très-suffisamment. Où voir, en effet, une cause raisonnable à la dépossession légale du droit exclusif de reproduction ailleurs que dans l'intérêt général de la propagation des lumières par la diffusion des idées de l'œuvre? inutile donc de se livrer sur ce point si constant à des développements qui ne seraient que longueurs superflues.

Mais une observation qui me paraît bonne à constater c'est celle-ci :

Sans aucun doute, il faut que cette faculté d'expansion de l'idée utile, qui vient constamment alimenter l'esprit de progrès et de civilisation, soit favorisée de toute manière et dégagée de toute entrave : à cet égard, il ne peut y avoir qu'un sentiment, qu'une opinion.

Seulement, voyons si, en appliquant ceci aux productions, en général, de la littérature et des arts cela veut dire que toutes, en masse, doivent être classées intellectuellement dans une seule et même catégorie de choses d'utilité publique.

Qu'il me soit ici permis de m'expliquer en toute franchise : plus le sujet est délicat, plus la conscience veut qu'on n'écoute en le traitant que l'inspiration du sens intime d'homme social, d'honnête homme et de bon citoyen se mettant, par amour du devoir, des principes et du pays, au-dessus de toutes les petites considérations personnelles qui font souvent donner dans de si. grandes faiblesses et même parfois commettre de si réelles lâchetés. Je vais m'attaquer, je le sais, à des intérêts bien rétifs, bien irritables, ceux de l'amour-propre d'auteur, mais aussi je parle au nom de l'intérêt qui domine tous les autres, celui de l'ordre et de la morale publique, et il n'est pas permis de 'se taire sur ce qui touche les atteintes qui leur sont portées.

A mon sens, donc, il serait complétement déraisonnable de ne pas faire une distinction capitale, qu'indique la nature même des choses, entre les productions de la littérature et de l'art pour ce qui touche l'utilité publique.

En effet, non-seulement un nombre considérable d'entre ces productions n'a rien absolument de ce qui les pourrait faire considérer comme utiles au public, mais encore il en est, par malheur, un nombre presque aussi grand qui va manifestement en sens inverse de cet intérêt.

Et, de fait, en quoi, d'un côté, peut-il y avoir, je le demande, utilité publique à ce que se propagent et se perpétuent dans le monde des lecteurs ces milliers de livres plats et absurdes, fruits avortés des vulgaires caprices d'une imagination sans flamme et sans richesse, aux ternes rêves de laquelle l'esprit n'a pas plus de part que la raison et le bon goût? On les voit, on les verra toujours, hélas! pulluler sur le marché littéraire, servant d'indigeste aliment à de pauvres intelligences dont ces tristes élucubrations ne peuvent que fausser le sens plus encore que ne l'avaient fait déjà et leur faible nature et l'absolu défaut d'instruction, tandis que, si leur eût manqué cette malencontreuse pâture, elles eussent pu trouver ailleurs une nourriture plus saine. Osera-t-on bien dire, néanmoins, que l'intérêt général demande qu'il soit donné à de telles œuvres la plus grande diffusion possible?

Ce serait bien pis encore si j'avais à parler ici de ces œuvres d'une autre espèce beaucoup moins innocente, que tous les esprits droits s'accordent à stigmatiser du nom de *mauvais livres*, en les considérant beaucoup moins au point de vue littéraire qu'au point de vue moral. Mais je ne veux pas descendre pour le moment dans cette senline : je me borne, certain d'être compris de tous, à demander quel est l'intérêt de civilisation et d'avancement des esprits, entendu dans le sens honnête et vrai, qu'on peut voir à la facilité plus ou moins grande de publicité de pareilles productions? Certes, la réponse n'est pas douteuse, et elle sera de toutes parts la plus accentuée du monde pour la négative.

Il est donc manifeste qu'une considérable partie des publications littéraires de tous temps se place d'elle-même complétement en dehors de la sphère d'intérêt général. Pour être exact il faudrait dire que c'est le plus petit nombre seulement qui entre dans cette louable catégorie d'œuvres utiles au public.

La conséquence de ceci est toute simple : c'est qu'il serait parfaitement absurde de considérer en bloc toutes les productions de l'esprit et de les marquer toutes au même coin pour les soumettre toutes aussi, sans distinction, à l'envahissement du principe d'expropriation pour cause d'utilité publique; c'est qu'en envisageant sous ce rapport la mesure de dévolution, l'on pourra penser que l'on n'a en elle, pour nombre de cas, rien autre chose, au fond, qu'un moyen plus permanent d'action fâcheuse sur les mœurs de tous, en haut comme en bas.

Et qu'on ne me dise pas qu'ici la moralité publique est hors de cause, attendu qu'en fait d'excitation au mal la loi répressive est là pour obvier aux abus de la liberté : entre le point où la loi commence à sévir et celui où naît le danger moral d'un livre la distance est bien souvent énorme, et elle permet le passage d'une foule de saletés qui, pour ne pas tomber sous le coup de la répression légale, n'en sont pas moins très-susceptibles de porter un grand trouble dans les esprits ou dans les cœurs. Hélas! en effet, quoi qu'en puissent dire des hommes dont j'honore les convictions tout en y résistant, il y a manifestement, dans la publicité, chance égale entre la diffusion du bien et celle du mal, car la guerre entre les deux principes ne saurait cesser toutes les fois qu'on leur laisse le champ libre, et c'est, à mon sens, une triste illusion, ce serait une trahison véritable envers la société, si ce n'était un aveuglement, de concéder à l'une et à l'autre de ces publicités le même privilége, dans la pensée, fausse autant que périlleuse, de voir la liberté sans limites se refréner d'elle-même par ses propres excès et finir par subjuguer la licence. Non, par malheur, non, mille fois, il n'en est pas, il n'en peut être ainsi ! Le progrès dans le bien, acquis sous les auspices de cette faculté illimitée de la pensée écrite, est fatalement inséparable du progrès dans le mal. Par la loi logique, ces deux natures de progrès en sens inverse sont essentiellement liées et concomitantes; et, il faut le dire, le plus sûr, le plus rapide de ces mouvements en avant n'est pas toujours celui du bien. Pour prendre résolûment le pas sur l'autre, celui-ci a besoin d'être appuyé, secondé par toute la sagesse et toute la force du pouvoir social; autrement, au lieu de marcher vers cet heureux but de la perfectibilité indéfinie, radieux avenir de l'humanité entrevu par quelques nobles et brillants esprits, la société se précipiterait, au contraire, à grands pas vers une corruption à peu près universelle.

Ah ! sans nul doute, contre un avenir si fatal l'un des plus efficaces moyens de préservation est dans le bon usage de la liberté d'écrire, mais c'est à la condition que ses zélateurs n'oublieront jamais la vocation véritable du talent, noble apostolat et presque sacerdoce social, consacré, par sa nature et sa source divines, à la saine instruction des esprits non moins qu'à la constante épuration des cœurs.

Hélas ! pourquoi faut-il qu'au lieu de cette belle et sainte mission, réservée aux lettres et aux arts, quelques-uns de leurs adeptes se donnent sans scrupule la mission contraire ? Pourquoi faut-il que, si souvent, apparaissent ces œuvres malheureuses à l'égard desquelles on se demande avec stupeur d'où sortent donc ceux qui les produisent, quelle éducation déplorable ils ont reçue pour posséder si bien tous les plus honteux secrets du vice, toutes les habiletés les plus horribles du crime, et de quel nom il faut appeler la hardiesse avec laquelle ils viennent, déroulant devant nous tous ces affreux replis des cœurs gangrenés, étaler ces indignités morales aux yeux de la foule ébahie et des honnêtes gens consternés ! Pourquoi enfin faut-il que la société ait à subir journellement et le scandale et le danger de cette publique initiation au mal, de cette sorte de perfide enseignement qui, par l'attrait de la curiosité, va jetant partout dans les cœurs des semences de perversion !

Mais peut-être certains esprits, moins timorés quoique parfaitement honnêtes, qui ne se rendent pas compte des ravages que produit à la longue, dans les masses populaires et même plus haut, l'inoculation en permanence de ces poisons que distillent quotidiennement un trop grand nombre des publications à bas prix, et qui ne voient dans la lecture de ces œuvres éphémères rien autre chose qu'un moyen de distraction pendant les rares moments de loisir que laissent de fatigants travaux, peut-être, dis-je, ces per-

sonnes trouveront-elles ma critique d'une sévérité outrée et me taxeront-elles
de rigorisme à faux. Je ne sais si, en effet, mon zèle m'égare, et si je suis
plus ou moins hors de la raison et de la vérité; mais, en tout cas, j'ai pour
m'appuyer dans mes idées le témoignage non équivoque d'une sollicitude
officielle à laquelle je ne saurais trop rendre hommage : c'est la récente cir-
culaire de M. le ministre de l'intérieur sur les ROMANS-FEUILLETONS, et la mesure de sage surveillance qu'elle recommande. Que ce ne soit pas là encore
la guérison radicale de la plaie, je le crois et j'en ai peur, mais c'est du moins
la preuve que le pouvoir la reconnaît et en apprécie l'intensité réelle. Puisse
sa volonté du bien arriver promptement à tarir toutes ces sources empoi-
sonnées !

Et qu'on ne croie pas que ce cri de réprobation qui s'échappe de ma conscience de bon citoyen s'étende dans mon intention jusqu'à l'instrument par
lequel sont perpétrés journellement ces crimes véritables envers la morale
publique ! Non, il n'en est rien. Le sentiment qui m'anime ici n'est point
l'une de ces répulsions aveugles contre le mal qui ferment l'esprit à toute
perception du bien qui pourrait indirectement en découler. Non, je ne con-
damne pas en elles-mêmes les publications à bas prix. Loin de là, je reconnais qu'en outre de ce qu'elles sont devenues un besoin qu'il faut satisfaire,
elles sont éminemment susceptibles de devenir l'un des moyens les plus actifs
d'expansion des lumières et de progression rapide vers l'instruction des
masses. Je n'hésite pas à dire qu'à ce point de vue les initiateurs de ce fait
social ont bien mérité de la civilisation, de la littérature et du pays, car ils
ont ouvert ainsi la voie bien plus largement à la divulgation des idées et à la
propagation des choses de l'intelligence. Mais ce bienfait, il ne faut pas qu'il
devienne un fléau, il ne faut pas que l'abus tue l'usage. Les dons que la Pro-
vidence a faits à l'homme par les effets de l'intellect qu'elle a mis en lui, c'est
à son libre arbitre qu'elle en remet l'emploi, et c'est cet emploi, suivant
qu'il est mauvais ou bon, qui en fait, pour les sociétés humaines, une cause
de bien-être ou de dommage. Qu'ici donc chacun fasse son devoir pour que,
seul, se réalise le bien qui, comme le mal, est en germe dans le fait de la
presse à bon marché. Que la société, elle, donne la première l'exemple par
une bonne impulsion communiquée à ce puissant moyen de publicité en
provoquant, en encourageant aux bonnes publications autant qu'en réprou-
vant, en proscrivant les mauvaises. Que de leur côté tous les hommes de
valeur intellectuelle qui sentent en eux, sinon la flamme si rare du génie, au
moins cette noble et utile vocation de l'enseignement du public par les livres,
ne séparent point sa pratique de celle des devoirs de l'homme social qui doit
à tous, comme à lui-même, de ne point prostituer le talent par une alliance
adultère avec l'esprit de révolte contre le joug salutaire imposé aux passions
par la sagesse et le devoir. Que les secrètes suggestions de l'avidité d'argent
soient refrénées désormais par de plus nobles inspirations de l'esprit et du
cœur, comprenant leur mission véritable. Plus, donc, de ces tâches transac-

tions avec le vice, de ces coupables complaisances pour tous les désordres, de ces odieuses spéculations sur nos mauvais instincts, ayant moins encore pour but le haïssable dessein prémédité de corrompre que le cupide désir de se faire le plus grand nombre possible d'acheteurs en se présentant comme appât à ces masses illettrées qu'attirent et séduisent surtout les lectures équivoques. Plus de ces bouffonneries railleuses et impies par lesquelles on insulte à la croyance des uns en ébranlant celle des autres : excentricités coupables au premier chef, non pas seulement en ce qu'elles témoignent d'une absence complète de sens moral, mais surtout parce qu'elles sont une sorte d'attentat à la liberté des consciences et une grave atteinte à l'ordre en s'attaquant par l'arme si redoutable du ridicule à la plus réelle des bases du devoir social et humain, la foi religieuse! Plus de ces saletés morales puisées dans les bas-fonds du vice le plus crapuleux qui, usurpant la forme littéraire, prennent effrontément possession des étalages de librairie, comme pour accoutumer par les yeux l'esprit du public à ces scandales ignobles, ou comme pour détruire peu à peu les honnêtes scrupules de la jeunesse des deux sexes à l'égard de ces dégoûtantes orgies de la bohème du jour! Plus, enfin, de ces basses vulgarités, de ces trivialités grossières par lesquelles on semble prendre à tâche de dégrader, de fausser le sens du peuple, tandis que tous les efforts de ses amis sincères doivent tendre constamment à éveiller comme à nourrir en lui tous ces sentiments élevés dont il est si parfaitement susceptible, quoi qu'en puissent dire certains sceptiques, et dans lesquels, espérons-le, il ne cessera pas de progresser en dépit de la détestable éducation que lui voudraient donner quelques-uns de ses prétendus défenseurs : têtes légères par elles-mêmes, affolées plus encore par l'ardeur aveugle de la jeunesse et l'exubérance des passions, qui prennent la licence des pensées et celle des mots pour l'avancement de l'esprit, et qui, dans l'état de société où tout est dépendance, se déclarent indépendants de toute chose, voire même bien souvent des règles de la grammaire, du bon sens et du bon goût [1]!

Que tous ces vœux s'accomplissent, que tout cela se réalise et l'on verra, je

[1] Ce n'est qu'après m'être imposé la loi, souvent fort dure en vérité, de lire avec attention à peu près toutes les publications de la presse à bon marché, que je me suis laissé aller presque malgré moi (car la critique, et surtout la critique amère, ne sont ni dans mes goûts ni dans mes habitudes) à m'expliquer si énergiquement sur les abus que je signale ci-dessus; c'est donc en toute connaissance de cause, comme c'est en toute conscience que je le fais, mais non pas sans regrets réels à l'égard des déviations malheureuses d'esprits parfois fort distingués, d'ailleurs, qui se laissent entraîner dans cette voie funeste.

Ce m'est une raison de plus pour m'empresser de déclarer que, souvent aussi, j'ai eu la vive satisfaction de trouver dans les publications dont il s'agit des œuvres très dignes, au point de vue des tendances, en même temps que très-remarquables au point de vue du talent. Plusieurs d'entre elles ont fait naître en moi la plus réelle sympathie pour leurs auteurs, et, si je m'abstiens de citer ici des noms et des titres d'ouvrages, c'est pour ne pas laisser supposer que j'attache à l'idée de mon approbation personnelle plus d'importance qu'elle n'en a. Ce n'est pas à dire, au surplus, qu'à l'égard des autres œuvres ma réprobation remonte de l'écrit à l'homme, car erreur n'est pas crime, et, avec des gens d'esprit qui se trompent, comme avec des gens de cœur qui s'égarent, il y a toujours à compter sur un retour.

n'en doute pas, la presse à bon marché faire, un jour, parmi nous autant de bien qu'elle fait aujourd'hui de mal !

En dehors des réflexions qui précèdent et dont l'on voudra bien, je l'espère, me pardonner le développement en faveur du motif d'intérêt public qui m'y a déterminé ; je n'ai, revenant aux deux propositions en examen sur ce qui touche la question d'expropriation des œuvres de l'esprit, rien à ajouter au peu de mots que j'ai dits ci-dessus à l'égard de la première de ces propositions qui a pour objet de préciser la raison de la dépossession. Il est si clair que l'intérêt du public motive avec toute justice cette dépossession quand c'est le seul moyen de faire que l'œuvre utile à son instruction reçoive la diffusion à ce nécessaire, qu'il serait vraiment superflu d'insister sur la démonstration d'une vérité si manifeste.

Reste donc la seconde proposition, et tout le monde étant d'accord sur le motif de la dépossession, il n'y a plus qu'à se bien fixer sur le moment où elle doit avoir lieu. Or, ce moment est, comme nous l'avons vu, celui où son utilité commence, c'est-à-dire le temps où se fait sentir le besoin d'une publicité à laquelle ne répondent plus les effets du droit privatif de reproduction exercé par les représentants de l'auteur.

Ici la discussion, pour être nécessaire, ne sera pas longue du moins.

Il est en effet clair comme le jour que cette époque est imaginaire et n'arrivera jamais. Il est visible pour tout le monde que cette diffusion dont nous venons de parler n'aura même pas attendu pour sortir tout son effet que la mort de l'auteur ait épuisé son droit personnel exclusif à reproduire son œuvre et que, par les éditions successives qu'il aura faites de son vivant pendant le cours d'un quart de siècle, d'un demi-siècle peut-être moyennant la double stimulation de l'amour-propre et de l'intérêt, le livre ou la reproduction de l'objet d'art se trouveront dans toutes les mains ; que les idées de nature diverse ainsi jetées dans le public auront germé, fructifié, dans tous les esprits, et que par cela même l'effet intellectuel sera produit *in extenso* ; il est tout aussi clair qu'à supposer qu'il y eût à craindre que toute forte qu'ait été l'impression, elle s'atténuât par le temps, la présence et la conservation de l'œuvre dans toutes les bibliothèques et publiques et privées dans tous les magasins de librairie, etc., seraient des garanties efficaces contre l'oubli du public.

Mais en admettant que la vie de l'auteur ait été trop brève pour que ces résultats se soient accomplis par son action directe et personnelle, qui niera donc que ses héritiers, voyant à la fois honneur pour sa mémoire et profit pour eux à multiplier, comme il l'eût fait lui-même, les éditions et reproductions de l'œuvre, ne s'empressent de le faire de leur chef et de continuer ainsi à nourrir, à saturer l'esprit du public des enseignements et instructions utiles qui en découlent, tant que les exemplaires mis en vente trouveront chance de placement ? Veut-on bien me dire ce que ferait, ce que pourrait faire de plus, pour la diffusion et le progrès, la communauté si elle s'était substituée à la famille dans le droit d'éditer l'ouvrage ? Évidemment elle ne ferait ni plus ni mieux ;

Il ne peut jamais y avoir utilité à exproprier la famille.

Pourquoi ?

peut-être même ferait-elle moins et plus mal, car non-seulement elle manquerait de l'un des stimulants de la famille, le motif de la gloire héréditaire, mais encore elle ne serait pas à beaucoup près, suivant toute apparence, aussi scrupuleuse dans l'exécution, et, loin de rien gagner à cette substitution, le progrès et le goût y pourraient bien perdre au contraire beaucoup.

Mais que parlons-nous ici de communauté? qui donc ignore que dans l'économie de notre législation actuelle sur la propriété littéraire, partout où l'on déclare si solennellement vouloir sauvegarder l'intérêt de tout le monde, c'est l'intérêt du petit nombre que l'on protége en effet; que partout où sont écrits les *droits du domaine public*, il faut lire les DROITS DE QUELQUES SPÉCULATEURS EN LIBRAIRIE OU EN GRAVURE, mis gratuitement à la place des héritiers, recueillant seuls ainsi les profits de la reproduction et s'enrichissant par là des fruits du rude travail de l'auteur, lorsque sa famille à lui reste souvent dans la gêne et la misère[1]!

J'ai honte pour la justice et l'honneur de mon pays de cette trop réelle situation des choses que j'ai eu plus d'une fois à déplorer, et qui l'a été par tant d'autres avec bien plus de verve que par moi-même; mais c'est un devoir de la signaler sans cesse et avec insistance. Quand, en effet, l'on aura, comme je l'ai moi-même, conviction entière que le public ne gagne rien à ce que les familles d'auteurs soient dépossédées, puisque, si elles restaient en possession, elles lui seraient tout aussi secourables au point de vue de la diffusion de l'œuvre que le peuvent être les éditeurs intrus, le bon sens public se demandera sans doute, pourquoi donc cette injustice gratuite envers les familles des hommes qui sont la gloire du pays? pourquoi cette spoliation légale qui devient vraiment sans excuse du moment qu'elle est sans cause? pourquoi cette exhérédation cruellement capricieuse, qui se fonde uniquement sur une crainte vaine ou sur un besoin tout imaginaire?

Veut-on, toutefois, s'ingéniant à chercher des objections même dans le champ des hypothèses les plus invraisemblables, veut-on, dis-je, prévoir le cas où des héritiers (comme on n'en verra jamais!) négligent ou refusent de tirer profit de leur droit héréditaire et s'abstiennent, ou involontairement ou systématiquement, de reproduire l'œuvre qui aurait des chances réelles de débit? (Et notez bien que si elle n'en a pas, l'éditeur du domaine public sera encore plus récalcitrant, c'est bien clair, que l'héritier lui-même!)

Mais alors oublie-t-on que le remède est à côté du mal? Ne comprend-on pas

§ IV.

En supposant que l'utilité publique fût réelle, ne suffirait-il pas que la dépossession n'eût lieu que lorsque le détenteur du droit de reproduction refuse ou est réputé refuser d'en faire usage?

Oui.

DÉMONSTRATION.

[1] On se tromperait sur mes intentions si l'on voyait dans mes paroles, sur ce point, une idée d'amertume et d'hostilité quelconque à l'égard des éditeurs du domaine public. Je n'ai pas le droit, ni personne plus que moi, de les blâmer, puisqu'ils ne font qu'user légitimement d'un droit que leur donne notre législation littéraire, et c'est à celle-ci toute seule que les reproches sont dus.

D'ailleurs, l'honorable corps de la librairie lui-même n'a pas été le dernier à faire la critique de cet état de choses, si anormal et si bizarre; il a, par l'organe de quelques-uns de ses plus dignes représentants, fait connaître son vœu sincère de réformation; et, bien loin de songer à l'attaquer, c'est pour moi un bonheur de lui pouvoir rendre ici cet hommage.

que la puissance sociale a sous la main le moyen le plus simple de vaincre cette résistance insensée, et qu'il lui est acquis sans la mettre dans la triste nécessité de donner au principe de la propriété l'une de ces atteintes qui réagissent fatalement sur la société elle-même?

Supposons donc, quoique la raison y répugne presque invinciblement, que l'héritier, à dessein ou machinalement, reste dans l'inertie en face du besoin qu'éprouve l'opinion de voir reproduire l'œuvre par une édition nouvelle. Il est certain que c'est là un manquement très-blâmable au devoir de l'homme social, et que la société a dès lors le droit de pourvoir préventivement au tort qu'elle en pourrait éprouver si le cas se réalisait. Il lui est donc très permis de prendre ses précautions à l'avance, et voici comment la faculté lui en est acquise :

On peut très-raisonnablement admettre que, pour toute œuvre susceptible de fixer l'attention publique, un laps de temps de dix années, à partir de la dernière édition, suppose l'épuisement des exemplaires et, par cela même, le besoin de réimpression. Je vais, en ceci, beaucoup plus loin dans la rigueur du fait que la commission de 1825 qui, de l'avis même des deux délégués de la librairie admis dans son sein, avait pensé devoir fixer ce délai à VINGT ANNÉES. Mais ici, jaloux de prévenir toute objection, je crois devoir faire preuve de plus de libéralité encore; et, de fait, en réduisant ce délai de moitié, c'est, ce me semble, rendre au besoin d'intérêt public à satisfaire un hommage tel que nulle réclamation raisonnable ne saurait s'élever désormais à cet égard.

Eh bien! donc, que ce soit là le point de départ de l'exercice du droit social en contact avec le droit de l'héritier; qu'après l'expiration de ce terme de DIX ANS, à partir de l'apparition d'une édition quelconque de l'œuvre (la date d'une édition est toujours une date constante), si le détenteur du droit de reproduction n'en use pas incontinent, que chacun soit libre d'en user en son lieu et place, et cela, *de plano*, sans sommation préalable, sans mise en demeure, et simplement en en faisant déclaration à la direction de l'imprimerie et de la librairie en la forme ordinaire [1]. Le tout, sauf à l'héritier à éditer en concurrence s'il le juge à propos, ce qui le fera rentrer dans l'exercice privatif de son droit de reproduction, mais seulement après un laps de temps jugé nécessaire aux éditeurs du domaine public pour écouler leur édition, cinq années, par exemple.

Il est vrai que pour rester conséquente avec elle-même la loi qui consacrerait cette mesure, devrait alors stipuler la *juste et préalable indemnité*, à laquelle aurait droit l'héritier dépossédé temporairement; mais comme à la rigueur on peut dire que c'est par sa faute qu'il s'expose à la dépossession, la privation

[1] Déjà, dans l'ouvrage du DROIT HÉRÉDITAIRE DES AUTEURS, j'avais proposé un moyen et un délai analogues; mais je soumettais l'éditeur du domaine public à une mise en demeure, et je supposais la nécessité préalable d'une déclaration d'utilité publique; c'était peut-être plus conforme à la rigueur du droit, mais il en pourrait résulter une double entrave que j'ai cru devoir faire disparaître en modifiant, comme il est expliqué ci-dessus, ma proposition.

momentanée de bénéfices qu'il éprouverait, peut être considérée comme mulctation à lui infliger pour ce manquement à son devoir social.

Certes, à moins de la plus déraisonnable exigence, l'on devra reconnaître qu'une mesure semblable à celle que je viens d'expliquer répond à tous les désirs les plus étendus de protection de l'intérêt général.

Au surplus, la loi peut réserver le droit absolu de dépossession moyennant indemnité.

Eh bien! pourtant, dirai-je à ceux de mes adversaires qui contesteraient, n'êtes-vous pas complétement rassurés encore? Ne trouvez-vous pas, même avec cette évidente surabondance de précautions, le progrès assez garanti, suffisamment cuirassé contre les atteintes fantastiques de la sottise ou de l'obscurantisme? Faites mieux, alors : donnez au pouvoir social (ou si votre triste méfiance systématique contre tout pouvoir, vous arrête), donnez à un corps indépendant quelconque, le droit permanent de décider, après examen, que telle œuvre de science, de morale ou d'art, porte à ce point le caractère d'enseignement utile au bien général qu'il y a lieu d'en assurer au public la jouissance, suivant vous plus facile, plus universelle et à plus bas prix, en le faisant tomber dans le domaine public par voie de cession obligée de la part du détenteur de la propriété de cette œuvre, et, ce, moyennant le prix de la juste évaluation qui en sera faite par ce même corps, constitué en jury spécial, pour être ce prix payé audit cédant, des deniers de l'État.

Non-seulement ceci serait une conséquence légale, une forme très-admissible d'application du principe d'expropriation pour cause d'utilité publique, que pourrait très-bien consacrer la loi à intervenir sur la propriété littéraire; mais encore ce serait une imitation de ce qui souvent s'est fait déjà législativement chez nous en matière tout analogue. Plus d'une fois, en effet, l'on a vu le gouvernement proposer et les Chambres agréer l'acquisition par l'État, au profit du public, d'inventions et découvertes utiles, témoin le PROCÉDÉ BOUCHE-RIE, *pour la solidification des bois*, le DAGUERRÉOTYPE, etc , etc. Et certes, quand l'on verrait, en regard de cette dépense, faite pour donner satisfaction à un besoin industriel, inscrire au budget quelques centaines de mille francs (d'autres diraient quelques millions!) pour satisfaire à un besoin intellectuel aussi grave que celui dont nous parlons, loin que nul s'en plaignît, tous, au contraire applaudiraient de grand cœur. Même en plus d'un cas, ceci pourrait être la juste récompense de quelques-uns de ces travaux, glorieux et utiles au pays, mais ingrats pour leur auteur, qui sont bien loin de lui valoir en profit de publication, ce qu'ils lui ont coûté, en veilles, en dépense, en peines physiques et morales de toute sorte pour leur composition. Ce serait un noble encouragement, une efficace excitation aux choses de bien public, et assurément les deniers de l'État auraient peu d'emplois plus relevés et plus méritoires. Mais, je le répète, je considère quant à moi et pour ce qui touche l'intérêt de la diffusion et de la publicité, une mesure semblable comme tout à fait surabondante et inutile, celle que j'ai ci-devant proposée, c'est-à-dire l'exercice pur et simple des droits du domaine public, après dix ans d'abstention du détenteur du droit exclusif de reproduction, me semblant plus que suffisante.

Ce serait ici le lieu de traiter une question incidente de grande importance, car sa solution affirmative serait le moyen d'une transaction qui pourrait couper court à tout débat. Cette question est celle de la rétribution perpétuelle que payeraient aux familles des auteurs les éditeurs du domaine public. Soulevée par moi il y a longues années devant la commission royale, acceptée avec empressement par nombre de ses membres les plus éminents, appuyée plus tard par d'excellents esprits dont l'opinion tirait un nouveau prix de leur habileté pratique dans l'imprimerie et la librairie, non moins que de leur profonde honorabilité de caractère (entre autres M. Victor Bossange, libraire de Paris), traitée de nouveau dans mon récent ouvrage DU DROIT HÉRÉDITAIRE DES AUTEURS, cette même question vient plus récemment encore de donner lieu à une brillante discussion dans l'ÉTUDE SUR LA PROPRIÉTÉ LITTÉRAIRE ET ARTISTIQUE, publiée par M. GUSTAVE DE CHAMPAGNAC et dont j'ai déjà eu l'occasion de faire un éloge si bien mérité à tous les titres.

Dans mon idée et suivant ma proposition primitive, la rétribution consisterait en un droit léger par feuille d'impression et c'est le système auquel s'arrêtait aussi M. Victor Bossange[1]. M. de Champagnac pense (et j'incline à croire qu'il a raison) que pour éviter toute complication dans la recette et la perception de la redevance, il serait préférable de la faire consister en un *prélèvement sur le bénéfice net de l'édition*, prélèvement dont il arbitre l'importance à un tiers de ce bénéfice. Les savants et judicieux développements dans lesquels entre l'auteur à cet égard et les notions toutes positives et pratiques sur lesquelles il appuie sa conclusion lui donnent grande chance de la voir l'emporter sur tout autre système d'application, au cas où l'idée de la rétribution prévaudrait.

Quoi qu'il en soit, comme ce résultat ne serait, après tout, qu'une transaction, ainsi que je le dis plus haut, et que, dans ma conviction profonde aussi bien, du reste, que dans celle de M. Champagnac, c'est en définitive du côté du principe héréditaire absolu, combiné avec celui de la dépossession légale partielle et exceptionnelle, le cas échéant, que sont la raison, l'équité, la logique et le droit : que dès lors il y a tout espoir que ce sera aussi ce principe combiné qui l'emportera, je ne crois pas devoir ici, où je ne traite la question qu'au point de vue du droit étroit, me livrer à l'examen développé de ce cas subsidiaire et je me borne à le mentionner comme l'un des éléments nécessaires du débat général.

Puisque nous en sommes à parler de l'accession d'un membre de la librairie à la doctrine de perpétuité, disons, comme observation qui importe, que bien à tort l'on s'en étonnerait, surtout quand ce libraire est un homme de si grand sens; car évidemment ce n'est qu'à la surface des choses qu'il semble exister un antagonisme entre les intérêts de la librairie et celui des auteurs quant à la pérennité du droit de reproduction en la personne de ceux-ci

[1] OPINION NOUVELLE SUR LA PROPRIÉTÉ LITTÉRAIRE. (1856.)

et de leurs héritiers. Pour quiconque, en effet, veut examiner à fond, sérieusement et loyalement la question, non-seulement cette opposition d'intérêts est nulle ou à peu près, mais encore on peut dire que, dans le cas le plus important de tous, les deux intérêts concordent et sont presque liés l'un à l'autre. Ce cas est celui où le libraire, voulant se livrer à l'une de ces utiles et honorables spéculations qui ressortent essentiellement de sa profession, achète de l'auteur soit son manuscrit pour l'éditer à son propre compte, soit un ouvrage déjà publié pour le rééditer pour son propre intérêt à lui. Il est bien clair que, dans le cas invoqué, si le changement de législation a eu lieu, et si dès lors la propriété de l'œuvre est redevenue perpétuelle, l'avantage du libraire acheteur est analogue à celui de l'auteur, puisque la propriété reste à l'un comme elle fût restée à l'autre et se transmet héréditairement dans la famille du libraire, ainsi qu'il en était jadis, de même que, sans l'aliénation faite par l'auteur, elle eût passé à ses héritiers.

S'agit-il, au contraire, du cas où l'état actuel des choses étant maintenu quant au droit absorbant du domaine public, le libraire veut spéculer sur la publication d'une œuvre arrachée aux héritiers de l'auteur par la confiscation légale qui les a frappés? Voici ce qu'il faut, pour ce cas-là, se dire et considérer :

En additionnant les durées de jouissance successive réservées par la loi présente à l'auteur, à sa veuve et à ses héritiers, on trouvera en moyenne, pour somme totale, environ trois quarts de siècle (l'on pourrait dire un siècle si, comme il y a toute apparence, la durée de la jouissance des familles est portée prochainement à cinquante ans). Or, des ouvrages annuellement publiés quel est, je le demande, le nombre proportionnel qu'on puisse regarder comme susceptible de survivre à ce grand âge littéraire? Hélas! bien restreint certes est ce nombre! Évidemment, avant même l'expiration du terme, depuis longtemps la faux de l'oubli, qui est la mort des livres, aura tranché en foule une immensité de ces existences, et ce sera miracle si les plus robustes se peuvent compter par quatre ou cinq privilégiées sur cent. (Je connais des Aristarques ou moins indulgents ou plus judicieux qui, eu égard à la valeur réelle de la plupart des innombrables publications du jour, disent hardiment : « UN OU DEUX SUR MILLE !) »

Ainsi, quatre ou cinq ouvrages, mettez-en dix si vous voulez, desquels, dans soixante-quinze ou cent ans, la librairie aura annuellement et successivement, de par le domaine public, le droit de prendre à son compte la publication, tel est le net produit du maintien de la loi actuelle quant aux publications qui suivront l'époque présente.

Or, chaque libraire, bien entendu, pourra entreprendre concurremment cette publication, concurrence qui, non-seulement annulera presque le bénéfice de chacun, mais qui même pourra faire de la publication d'un très-bon livre une très-mauvaise affaire, résultat d'autant plus probable que, même aujourd'hui où la matière abonde, il en est à peu près ainsi : d'où l'on peut conclure que, dans un cas donné, la liberté de reproduire ne sera guère pour les libraires que la liberté de se ruiner.

Voilà donc, pour ce qui touche l'intérêt de la librairie, à la prédominance des droits du domaine public, à quoi se réduiront, pour l'avenir, ses expectatives. En vérité, cela ne vaut guère la peine, ni pour elle ni pour le public, de s'en préoccuper si fort! Je ne dis pas assurément que parce qu'il y a gros bénéfice à commettre une injustice ce soit raison plausible de le faire, mais enfin cela peut rendre aveugle quelquefois (trop souvent même!), tandis que là où manque cet appât l'injustice devient misérable, et, pour peu qu'il reste de sens moral dans l'homme, il recule devant l'ignobilité de l'intérêt qu'il y aurait à la consommer. Quel est donc le membre du corps si honorable de la librairie qui, en y réfléchissant bien, voudrait, pour cette imperceptible éventualité de profit en faveur de ses arrière-petits-enfants ou neveux, grever sa conscience personnelle du poids de son opposition à l'acte d'équité sociale réclamé au nom des familles d'auteurs?

Mais, me dira-t-on peut-être, et les œuvres actuelles qui sont déjà dans le domaine public ou qui y tombent chaque jour, pourquoi les excluez-vous de la composition de la matière des reproductions libres auxquelles a droit la librairie et qui atténuent, par leur nombre même, les préjudices de la concurrence, en faisant une plus large part à la faculté de publication?

A cela je réponds d'abord que chaque jour le nombre de ces ouvrages anciens dévolus au domaine public va se réduisant considérablement en proportion des accroissements de jouissance successivement accordés aux héritiers par les lois de 1810, 1844 et 1854, aussi bien que par la satiété du public à l'égard de beaucoup de ces ouvrages; puis je dis qu'à entendre plus d'un libraire, exprimant à huis clos franchement sa pensée, la concurrence n'en reste pas moins ruineuse, et que le régime du droit privatif de reproduction serait en nombre de cas très-préférable pour l'intérêt bien entendu de la librairie au régime de la libre publication, le bénéfice, même grevé de la charge de l'acquisition de l'œuvre, étant beaucoup plus certain que celui du livre édité en concurrence[1].

Il se peut qu'on pense que, par cette argumentation, je conclus contre moi-même, en ce que l'on pourrait dire que si la dévolution préventive au domaine public n'a pour la librairie qu'un si minime intérêt, elle ne saurait, par cette

[1] Sur toute cette question de l'intérêt de la librairie française, en rapport avec le droit perpétuel des auteurs, il existe, dans l'importante publication faite par le COMITÉ DE DÉFENSE DE LA PROPRIÉTÉ LITTÉRAIRE ET ARTISTIQUE, fondé et présidé par M. LOUIS HACHETTE, des documents authentiques en grand nombre, les plus curieux et les plus concluants. Il faut voir avec quelle vigueur y est traitée, par les libraires et leurs avocats, cette plaie de la concurrence, et comment ils démontrent victorieusement que le régime du droit perpétuel des auteurs, sagement réglé, est une garantie de la prospérité du commerce de la librairie.

Sans la crainte d'interminables longueurs, j'aurais donné ici des extraits et analyses de ces pièces; mais chacun peut s'y reporter, en consultant le recueil dont il s'agit (à la librairie L. Hachette).

raison même, causer aux familles un grand préjudice, et que ce n'est pas dès lors la peine de changer à cet égard la législation. La réponse est facile.

S'il est vrai qu'en étendant le temps de jouissance des familles l'on atténue jusqu'à un certain point l'injustice et le dommage de la dévolution, il n'est pas moins vrai que l'on atteint et blesse d'une manière très-sensible leur légitime intérêt par la dépréciation nécessaire dont est frappée la propriété de l'œuvre dans leurs mains à raison de l'expectative légale de dépossession dans un délai dont l'acheteur, quand ils veulent vendre, a toujours une tendance naturelle, soit par prudence, soit par finesse, à exagérer les risques; et, à dire vrai, ce préjudice capital remonte jusqu'à l'auteur, lequel en souffre comme en souffriront ses héritiers. Cette cause d'avilissement de la valeur vénale de l'œuvre pèse sur toutes les transactions auxquelles elle peut donner lieu pendant la jouissance viagère de l'auteur, temporaire des héritiers, et il n'y a aucune comparaison à établir, entre leur situation et celle qui est faite aux libraires par la dévolution. Impossible donc de raisonner et de conclure de l'un à l'autre.

L'intérêt de la librairie à la dépossession légale fût-il réel et considérable, ce ne serait pas un motif pour le maintenir.

Au surplus, et quoi qu'on puisse juger sur ce qui vient d'être dit à l'égard de ce qui touche la position respective des libraires et des auteurs, il est une pensée dernière par laquelle je ne puis me défendre de me laisser profondément pénétrer : c'est que, quand bien même il y aurait un avantage certain et considérable pour la librairie à la dépossession préventive des familles, je n'admets nullement que ce puisse être un motif légitime pour maintenir cette dépossession. Jamais, je ne saurais trop le redire, jamais dans une société gouvernée avec justice les droits d'une classe de citoyens ne peuvent, ne doivent être sacrifiés arbitrairement aux intérêts d'une autre classe, et ce serait, surtout pour une industrie quelconque, une triste note si elle ne pouvait vivre que de la spoliation de plus ou moins d'individus, et si sa prospérité n'était possible qu'à la charge de leur ruine. Assurément il y a chez nous plus d'une industrie comme plus d'un industriel qui pourraient se trouver fort bien de la mise en commun obligée des propriétés rurales ou urbaines et de toutes les valeurs du mobilier ou de l'immobilier; est-ce une raison plausible pour proclamer la loi agraire et le régime des *partageux?*

Quant à la librairie, loin que cette hostilité sauvage existe entre elle et la littérature, c'est, d'après la raison et la justice, à un point de vue tout contraire qu'il faut juger de leur caractère et de leurs rapports. Non-seulement la librairie n'est pas l'ennemie et la dévalisatrice aveugle de la littérature, mais encore elle en est l'alliée nécessaire, la plus intelligente comme la plus fidèle, et l'on peut dire que toutes deux elles marchent d'un pas égal vers les plus nobles résultats : dans tout ce que les lettres produisent de beau, de grand, d'utile, la littérature, la librairie et l'imprimerie se secondent l'une l'autre, ont leur part d'honneur et de droits à la reconnaissance sociale; elles sont les plus puissants comme les plus dignes instruments de civilisation; une solidarité si noble, une telle confraternité dans le bien, ne peuvent laisser supposer entre les classes qu'elles rapprochent des oppositions quelconques qui ne seraient pas le fait de fâcheux malentendus. Qu'aujourd'hui ces oppositions, si elles existent, s'effacent devant la lumière faite sur les situations respectives; que, dignes l'une de l'autre, dignes surtout de se comprendre et de s'estimer, ces deux classes fassent mieux encore et que les points de contact intellectuel qui existent entre leurs membres deviennent autant de causes de sympathie réciproque. De même que le cœur, l'intérêt y gagnera : cette sorte de rénovation d'alliance ne pourra que porter bonheur à leurs efforts, féconder leurs travaux, et la considération publique, acquise d'avance à tout ce qui est louable et bon, les payera en redoublement de juste faveur des quelques sacrifices d'amour-propre qu'ils auront su faire au profit de la concorde, pour arriver à cette heureuse réconciliation.

§ V.

N'est-ce pas là le seul usage équitable qui puisse être fait à l'égard de la propriété littéraire du droit de dépossession légale, si l'on ne veut pas violer sans raison ni justice ce droit de propriété?

Oui.

DÉMONSTRATION.

Revenant actuellement au cas exceptionnel pour lequel j'ai tout à l'heure proposé d'adopter une mesure qui pourvoit à toute éventualité réelle ou chimérique, il faut reconnaître qu'évidemment cette application limitée du sévère principe de l'expropriation est la seule qui soit possible en raison et en équité, parce que seule elle concilie ce qui est dû à la propriété avec le maintien de ce même principe dans sa nature conservatrice de l'intérêt général, qui le motive et qui l'absout.

Mais faire usage de ce droit rigoureux sans distinction, sans préalable, et pour ainsi dire à tout venant, surtout l'employer comme agent légal de destruction d'un autre principe, tuer le droit de succession par le droit d'expropriation, ce n'est plus user de celui-ci dans les conditions normales et légitimes de son essence, c'est au contraire le détourner de sa destination propre et lui attribuer une portée qu'il n'a pas; c'est, en un mot, de l'exception faire la règle et renverser toutes les idées reçues.

En vérité, je ne sais pas si l'on pourrait trouver dans une législation quelconque un second exemple de semblable application de cette terrible loi de dépossession, mais ce que je sais bien, c'est que nulle part elle ne serait moins qu'ici en accord avec elle-même, c'est-à-dire justifiée par l'utilité publique, qui est pourtant la seule raison d'être.

Objection tirée de la crainte de trop haut prix des livres.

Nous avons vu combien est vain et faux le motif allégué en ce qui touche l'intérêt de la diffusion des lumières. Dira-t-on du moins avec plus de raison que l'exercice par les héritiers du droit exclusif de reproduction est une gêne pour le public, soit parce que les éditions seront moins multipliées, soit parce que l'œuvre sera maintenue à un prix plus élevé dans le commerce?

Crainte tout à fait vaine démentie par les faits.

En fait, je nie ces conséquences du droit privatif de reproduction; je maintiens, quant à la première, que l'héritier, possesseur d'une œuvre qui aura faveur dans le public, ne sera pas moins empressé de la lui livrer en nombre suffisant, que l'est aujourd'hui l'éditeur du domaine public. Je dis que même il y a raison pour qu'il le soit davantage, et cette raison c'est qu'il a à cela un plus gros intérêt. Je dis, quant à l'élévation des prix, que l'objection est détruite par les faits qui se passent journellement, et qui nous font voir, non plus seulement des héritiers d'auteurs, mais des auteurs eux-mêmes, faisant mettre leurs livres en vente à des prix tout aussi bas que le pourraient faire des éditeurs du domaine public. Puis je dis que cette concurrence illimitée, que ces bas prix qu'on trouve dans le dernier cas, sont, certes, plutôt un mal qu'un bien, eu égard à leur triste influence sur l'art typographique, laquelle consterne tous les amis du bon goût et même ceux du bon ordre commercial.

Et enfin, comme argument dernier qui coupe court à toute discussion, je répète ce que j'ai dit ailleurs du statut anglais de la reine Anne, toujours en vigueur chez nos voisins, et je maintiens qu'il suffirait d'introduire son principe dans notre législation littéraire, pour éloigner à tout jamais, de droit et de fait, la vente des livres à des prix déraisonnables. Ce statut, en effet, autorise le gouvernement à tarifer au besoin les livres « *si les éditeurs privilégiés veulent les coter à des prix trop élevés.* »

Il y a donc en tout cela une solution complète de l'objection qui me pourrait dispenser d'en dire davantage à ce sujet.

Mais je veux pousser ici la démonstration jusqu'au delà de toute limite, et, admettant que ce qui est ne soit pas, je n'hésite pas à soutenir que, dussent les inconvénients signalés exister en effet, dussent toutes ces gênes être réelles ou sans remède, ce ne serait pas là un suffisant motif pour prononcer la destruction du droit auquel elles se rattachent, car, au point de vue de l'ordre véritable et de l'intérêt public sainement entendu, le remède serait assurément pire que le mal. Le plus grand préjudice que puisse éprouver la société, c'est l'atteinte aux principes d'équité sociale; son plus grand péril, c'est la violation des droits des citoyens. Ici le droit est constant; il est sacré, car il repose sur la base même de toute association humaine, raisonnable et bien entendue, le respect de la propriété. Le reste n'est que secondaire et ne saurait prévaloir : *Minima de malis*, a dit la sagesse des nations : entre deux maux signalés il faut choisir le moindre, et s'il était vrai (autant qu'il est faux) que l'exercice du droit des familles fût sujet à des inconvénients pour le public, ce sont ces inconvénients qu'il faudrait accepter. Quel est donc le statut humain qu'on puisse dire parfait? Quel est le droit qui, à un titre ou à un autre, ne soit pas susceptible d'engendrer des gênes, des préjudices pour quelques-uns, souvent même pour un grand nombre? Est-ce à dire que ceux-ci soient fondés à en demander l'abolition? A ce compte, il faudrait admettre qu'à première réquisition des voisins devraient être supprimées les servitudes rurales ou urbaines dont il n'est pas une qui, à un moment donné, ne soit une cause de perturbation des aises ou des convenances de voisinage; il faudrait en dire et en faire autant des droits d'usage, en eaux, en bois, en pâtis, etc., causes journalières de tant de contrariétés entre propriétaires limitrophes, ou bien entre ceux-ci et les communautés d'habitants. Mais, comme ces droits divers ont pour eux l'appui d'un titre, il les faut respecter, nonobstant l'inconvénient qu'ils ont pour autrui. Et le droit des familles d'auteurs, qui a pour lui le titre le plus sacré, la sanction la plus solennelle, celle d'un principe qui est le fondement même de la société, il n'en faudra pas tenir compte! Il le faudra, tout au contraire, sacrifier de gaieté de cœur à de futiles considérations, à de plus futiles convenances, et à des mirages d'utilité qui ne sont au fond que des caprices d'imagination ou d'opiniâtres erreurs! Non! mille fois non! il n'en saurait être ainsi en restant dans les conditions de l'équité sociale, et les prétendues convenances dont on argumente, même à les supposer sérieuses, ne sauraient ici prévaloir. Autrement il n'y aurait plus ni justice ni sécurité pour les citoyens, et ce privilège, du nombre qu'on met en avant pour appuyer au nom du public la flagrante violation de leurs droits privés, ne serait, dans la vérité, que l'abus de la force, et deviendrait, à l'égard de ceux auxquels il s'imposerait, l'esclavage le plus dur, la plus intolérable tyrannie!

Et voyez à quelle étrange inconséquence il faut se condamner quand on soutient une thèse semblable à celle que je combats, quand on vient prétendre la légitimité de la dévolution au domaine public des droits successifs afférents aux héritiers naturels de l'auteur! Si cette dévolution était fondée en raison et en droit, la loi, pour être conséquente, devait surtout appliquer à l'auteur lui-même la faculté d'appréhension par le domaine public; elle devait le déposséder au moment précis de la première publication. Aucune législation ne l'a fait, cependant; c'est que le législateur a partout senti qu'il y avait là un droit sacré dont la confiscation arbitraire n'était pas possible. Il a donc dû, et il l'a fait, confirmer l'auteur dans la jouissance pleine et entière de son œuvre. Or, évidemment rien ne dit, ni suivant la raison ni suivant le droit, que cette jouissance doive être scindée, à la différence de toute autre, que, juste en la personne de l'auteur, elle cesse de l'être en celle de ses héritiers, car, au contraire, par la force du principe successible, ces personnes sont inhérentes l'une à l'autre et indivisibles aux yeux de la loi. Donc, lorsque, l'auteur mort, elle donne son œuvre au domaine public, elle entre en contradiction manifeste avec toutes les règles du droit comme avec toutes les puissances du raisonnement.

Prétendra-t-on mettre à néant cette objection en se prévalant de l'idée de RÉCOMPENSE NATIONALE, qui a dû inspirer le législateur lorsqu'il a laissé à l'auteur le droit viager de disposer de son œuvre? Mais, sans revenir ici sur les raisons qui démontrent que le principe du droit littéraire n'est nullement là, non plus que sur les principes qui assurent d'une manière si puissante la toute propriété de l'œuvre aux héritiers de l'auteur, sans insister sur ce qu'il y a de dérisoire dans cette même idée de récompense nationale si malencontreusement invoquée, de fantastique dans cette prétendue rémunération dont toute la libéralité consiste à « DONNER AUX GENS CE QUI LEUR APPARTIENT, » idée si bizarre qu'il est vraiment impossible de croire qu'elle ait jamais été celle d'un législateur sérieux, ne voit-on pas qu'alors on tombe dans une autre contradiction non moins grave que la première?

S'il y a, en effet, quelque chose de vrai et de fondé dans la préoccupation qu'on a, ou qu'on prétend avoir, à l'endroit des intérêts du progrès et de la civilisation demandant, assure-t-on, d'une manière si impérieuse que la publication des idées utiles contenues dans une œuvre quelconque soit laissée au libre arbitre du public et livrée aux ardeurs de la concurrence, est-ce que ce n'est pas au moment où l'œuvre apparaît que ce besoin est surtout grand et pressant? Pourquoi donc alors amortir en quelque sorte la publication en la laissant au libre arbitre de l'auteur, et cela pendant un temps dont on ne peut calculer la durée, un temps qui peut devenir un demi-siècle? Que si vous admettez que la diffusion de l'idée est suffisante sous le régime du droit exclusif de reproduction par l'auteur, pourquoi ne le serait-elle pas à vos yeux, et à plus forte raison quand ce droit est exercé par les héritiers, c'est-à-dire quand cette diffusion ayant porté presque tous ses fruits devient de moins en moins nécessaire?

Vous voyez bien que tout est, chez-vous, inconséquence, contradiction et que vous n'avez à fournir contre la perpétuité que de ces arguments d'erreur et de caprice, qui ne sauraient peser dans la balance!

Je crois avoir, par ce qui précède, prouvé en résultat que le droit de l'auteur sur son œuvre est une propriété de droit commun, perpétuelle, héréditaire par conséquent, laquelle ne saurait être atteinte que dans les conditions où le peuvent être légitimement toutes les autres propriétés ; mais qu'aucune raison plausible et sérieuse d'intérêt général n'existant pour enlever à la famille de l'auteur la libre jouissance à toujours de l'œuvre, la loi d'expropriation pour cause d'utilité publique n'est pas applicable à cette nature de propriété autrement que dans le cas exceptionnel que j'ai signalé, c'est-à-dire si, par impossible, le détenteur du droit de reproduction refusait ou négligeait d'en faire usage dans un délai préfixe indiqué par la loi.

Et qu'en dehors de cette prévision, à supposer que la propriété littéraire pût être soumise au droit d'expropriation à *priori*, l'on ne saurait enlever aux héritiers leur jouissance héréditaire qu'en les indemnisant du préjudice qu'ils éprouveraient. Je me trouve donc ainsi avoir épuisé la matière des deux premières questions principales posées au début de cette discussion et je passe en conséquence à la troisième et dernière question.

III

QUESTION DE RESTITUTION DU DROIT D'HÉRÉDITÉ AUX LIGNES ASCENDANTE ET COLLATÉRALE

§ 1.

La propriété littéraire et artistique rentrant sous l'empire du

Si je n'avais ici qu'à établir, *a priori*, en fait d'appel à la succession d'un auteur, l'admission et le concours de la ligne ascendante et de la ligne collatérale, à défaut de la ligne descendante, il me suffirait de citer les dispositions du code qui déterminent ces droits et la condition dans laquelle ils s'exercent.

Si, même, je ne considérais que la nature propre et spéciale de la thèse que je viens de développer, je n'aurais besoin que de sa conclusion pour affirmer le droit successif des ascendants et des collatéraux d'un auteur, lorsqu'arrive la défaillance des descendants, puisque ce droit est la loi commune de la succession de tout propriétaire et que le droit littéraire est une propriété comme toute autre.

Mais la puissance des faits me place sur un terrain où je n'ai pas l'avantage de la table rase, où, bien loin de là, des précédents existent qui font pierre d'achoppement ; et, dès lors, là où sans cela il n'y aurait pas question, il faut que je discute et que j'argumente pour faire reconnaître un droit qui est écrit dans la loi même.

Si cela est bizarre, ce n'est pas aux principes généraux qu'il faut s'en prendre, c'est aux bizarreries de notre législation spéciale sur la propriété littéraire, c'est aux étrangetés qu'elle offre, à plus d'un titre, ainsi que je crois l'avoir fait clairement ressortir.

Ce dont il s'agit présentement c'est d'abord de démontrer que ces paralogismes législatifs doivent disparaître radicalement avec la loi même qui les contient ; et ensuite établir, pour le cas contraire et si improbable où cette même loi continuerait à régir la matière, qu'il est impossible qu'elle ne soit pas du moins purgée de ces flagrantes anomalies.

C'est là une double preuve facile à administrer.

On a vu par l'exposé des faits que la Convention, tout en mutilant le droit littéraire, avait néanmoins, dans l'appel à la succession de l'auteur telle qu'elle l'avait constituée, rendu hommage au principe successif, en employant dans ses actes législatifs le titre générique d'héritiers ; mais que les pouvoirs qui ont suivi n'avaient plus employé, dans les actes subséquents, que l'expression restrictive d'enfants, ce qui implique l'admission exclusive de la ligne directe descendante, et l'exclusion des deux autres lignes ; il s'en suit que, tout en plaçant l'hérédité des auteurs dans une situation de droit exceptionnelle déjà si défavorable par elle-même et si parfaitement anormale, de plus, la loi fait là deux catégories de déshérités : l'une, celle de la ligne directe, à laquelle elle ne donne que la plus imperceptible des parts lui appartenant, et l'autre, celle des lignes ascendante et collatérale, auxquelles elle ne donne rien du tout.

Si, en dehors du fait d'une involontaire prétérition, l'on recherche la cause raisonnée de cette inconcevable exclusion donnée à deux des lignes successibles, suivant *le droit commun* à défaut de l'autre ligne, cette recherche reste vaine et sans résultat.

Pour ce qui touche la ligne ascendante, comment supposer au législateur un motif rationnel et acceptable pour enlever à un père, à une mère, qui auront eu le malheur de perdre un fils artiste ou écrivain, la pieuse consolation de voir dans la possession du droit de reproduire son œuvre un moyen de perpétuer et d'honorer sa mémoire ? A ce point de vue, l'exclusion qui leur est donnée est pour ce père, pour cette mère, une douleur nouvelle ajoutée à la douleur de la perte qu'ils ont subie. Est-il juste, est-il humain, est-il moral, de leur réserver cette affliction?

Même impossibilité logique en ce qui touche les collatéraux.

Pour ce qui touche la ligne collatérale, cette attribution exclusive faite au profit des ENFANTS, en excluant les neveux à défaut de ceux-ci, s'explique-t-elle mieux et peut-on davantage en pressentir la raison? Assurément non et le motif échappe.

La faveur due au mariage n'y peut être pour rien : au contraire.

Ce n'est pas, ce ne peut pas être, apparemment, en considération de la faveur due au mariage, car, en ce cas, la loi qui doit tout prévoir, aurait fait, à deux titres, acte de grande imprévoyance.

D'une part, en effet, elle aurait doublement frappé l'époux et le père, ayant eu déjà le cruel chagrin de la perte prématurée de sa femme et de ses enfants, en lui enlevant l'espoir de voir du moins passer le fruit de ses veilles entre les mains de neveux qui auraient remplacé dans son cœur les fils que la mort lui a ravis. D'autre part, elle aurait conféré à la descendance illégitime de l'auteur un droit qu'elle refusait à la filiation légitime de ses frères et sœurs décédés.

On ne peut supposer non plus que ce soit en haine du célibat, car alors la disposition législative serait inique dans ses termes.

Est-ce pour flétrir, pour punir le célibat, que la loi exclut la ligne collatérale en déniant ainsi à l'auteur non marié ni père de famille la douceur de léguer ses œuvres avec sa gloire à des proches entourés de son affection? Évidemment non encore! car alors la loi n'aurait pas manqué d'ajouter à sa spécialisation le trait qui en aurait marqué l'esprit; elle ne se serait pas bornée à appeler à l'hérédité précaire qu'elle établissait les ENFANTS en général; elle aurait dit les ENFANTS LÉGITIMES. Et, en effet, l'enfant naturel n'a-t-il pas droit à une quote-part de l'hérédité, même au cas où il y a des enfants légitimes, et à la totalité s'il n'y en a pas, et si d'ailleurs il n'existe pas d'autres parents, soit ascendants, soit collatéraux, au degré successible?

Mais, d'ailleurs, elle serait souverainement injuste si elle condamnait en masse tous les hommes rangés en célibat.

Puis, qui donc aurait le courage, qui donc pourrait commettre l'aveugle injustice de condamner en masse tous les hommes qui passent leur vie dans le célibat? Que la réprobation s'attache à cet état d'abstention du mariage lorsqu'il aura eu pour cause unique l'esprit de désordre et de libertinage, je le comprends à merveille, et certes je m'associe de toutes mes forces à ce sentiment de répulsion. Mais qu'il s'en faut que tous les célibats soient d'une aussi répréhensible nature! N'arrive-t-il pas bien souvent que cette situation d'isolement dans laquelle se résout à vivre un cœur qui eût été accessible à toutes les nobles et tendres effusions du père de famille est bien moins le résultat de sa volonté propre que l'effet, ou d'une force de choses qu'il n'a pu dominer, ou d'un dévouement digne d'éloges? N'est-ce pas parfois aussi le fait d'un excès de délicatesse de l'âme, qui n'a pas permis de s'affranchir, comme l'eût fait un cœur vulgaire, de certaines considérations morales en présence d'un intérêt matériel, égoïste d'argent et de bien-être? Sait-on bien tout ce que coûte alors à ces âmes déçues de regrets mystérieusement nourris, de soupirs étouffés dans le secret du sens intime, ce renoncement imposé par la fatalité aux plus doux sentiments de la nature? Ah! ne les réprouvons, ne les frappons ni moralement, ni légalement, car elles ont payé peut être plus amplement que celle du meilleur père de famille leur dette au devoir et à la société!

D'ailleurs, même en dehors de ce dévouement primordial si touchant, certes plus d'une vie de célibataire se signale par une suite d'abnégations et de sacrifices inabordables pour l'homme marié.

Mais quoi donc! n'est-il pas encore des célibataires d'un autre genre à l'égard desquels ce serait presque impiété envers la loi de supposer qu'elle les eût voulu rendre l'objet d'une injurieuse exclusion? N'est-il pas nombre de ces femmes, êtres privilégiés dans un sexe d'élite, qui, guidées par la généreuse chaleur de leur imagination et la supériorité de leur intellect vers les sphères élevées de la littérature et des arts, se consacrent à leur culte après que de dures nécessités sociales leur ont imposé la solitude sociale du célibat? Cruellement exclues, par ces fatalités si communes, hélas! du monde de la famille, obligées par l'impitoyable loi de l'intérêt ou des convenances à chasser de leur âme ces doux et purs sentiments de l'amour légitime, du dévouement conjugal, des joies et des tendresses maternelles, qui sont la vie du cœur des femmes, c'est dans plus d'une d'entre elles trop souvent un douloureux besoin d'oublier et comme un sublime désespoir qui les jettent dans la contemplation intellectuelle et dans l'étude des lettres ou des arts. Elles y portent, avec toute l'exaltation naturelle de leur cœur, avec toute la grâce et toute la délicatesse de leur esprit, souvent une force, une sève de pensée et d'expression qui ne laissent rien de plus à louer dans les travaux de l'homme de génie; mais, sans parler même de cette supériorité exceptionnelle de quelques-unes, on voit, en un grand nombre d'entre elles, quel que soit le genre auquel elles se vouent, lettres, peinture, sculpture, etc., briller et se développer les heureux effets de ces nobles ou charmantes inspirations qui sont le propre de leur riche et impressionnable nature. Et disons bien vite à leur honneur que chez elles, plus encore que chez les hommes de la profession littéraire ou artistique, sont rares ces tristes déviations de la loi morale que nous avons eu déjà l'occasion de déplorer. La pureté qui est en elles se reflète dans leurs œuvres. La pudeur de la femme se retrouve dans l'auteur, et, presque toujours, c'est une récolte sans mélange d'ivraie qui vaut au public l'émission de la pensée de ces vives et merveilleuses intelligences. Ah! lorsqu'à tant de titres elles ont droit à la sympathie, au respect de tous, serait-il donc possible que seule, la loi eût voulu, en effet, les confondre dans un commun anathème, en les privant ainsi de la douceur de laisser, en quittant la vie, un gage de leur tendresse et de leur sollicitude à des êtres de leur sang, qui tiennent dans leur cœur la place d'enfants que le sort leur refusa? Non, cela n'est, je le répète, ni probable, ni possible, ni vrai.

Et, au surplus, puisque nous en sommes à parler de la pratique des lettres et des arts, n'est-ce pas surtout à ce point de vue que le célibat doit paraître aux yeux de tous digne du plus large bill d'indemnité? Cette situation sociale n'est-elle pas, en effet, la plus propre de toutes à favoriser le goût de l'étude, l'exercice de la profession d'écrivain ou d'artiste? N'a-t-elle pas par excellence le privilège du recueillement et des méditations, source toujours si abondante des chefs-d'œuvre de l'art? Où le génie trouvera-t-il mieux ses inspirations que dans cette sorte de désert moral que fait autour de lui l'absence des liens les plus directs, les plus immédiats de la famille et des préoccupations incessantes qu'elle impose? Oui, si cette thébaïde pèse souvent au cœur de l'homme de mœurs régulières, porté naturellement vers les sentiments délicats et affectueux, du moins elle donne à son esprit une liberté d'allure, une élévation de sens qui le laissent arriver sans peine et sans entraves jusqu'aux élans les plus sublimes, jusqu'aux derniers paroxysmes de l'inspiration. Oui, le silence et l'isolement du célibat sont comme la condition substantielle de la pratique des lettres et des arts dans ce qu'elle a de plus indépendant, de plus éthéré, de plus conforme, en un mot, à la libéralité de leur nature.

Non pourtant que je prétende faire de ceci une règle absolue, exclusive. Certes, l'état de mariage a aussi ses tendances à l'étude, ses excitations au génie : l'ardeur à mériter les éloges, l'admiration d'une femme aimée, à illustrer un nom que doivent porter dans le monde des enfants chéris, assurément ce sont là de ces nobles causes d'impulsion qui ne peuvent qu'agir puissamment sur l'écrivain ou l'artiste, père de famille. Et, à cet égard, mon sentiment est confirmé, dans l'histoire des lettres, par plus d'un exemple célèbre, entre lesquels je me bornerai à citer celui que fournit l'antiquité romaine, où nous voyons le talent et la faconde de PLINE LE JEUNE grandir presque jusqu'aux proportions du génie par les stimulations aussi enthousiastes que tendres de sa femme CALPHERNIA.

Toutefois, il faut bien reconnaître que l'état de liberté laissé à l'esprit par le célibat est bien plus propre en général à son développement complet que l'espèce de servitude intellectuelle que créent pour l'homme marié les devoirs et même les affections de l'union conjugale; et, dans le fait, en consultant la glorieuse légende des chefs-d'œuvre dus aux lettres et aux arts, nous trouvons qu'une grande majorité d'entre eux vient des hommes ou des femmes de cette condition indépendante que crée le célibat ; c'en est assez sans doute pour lui assurer sous ce rapport, sinon la faveur, du moins la sympathique tolérance de l'opinion.

Loin donc de nous l'idée que la loi actuelle de la propriété littéraire, en passant sous silence le droit successif des frères et des neveux, à défaut des enfants (il faut y ajouter aussi le droit des cessionnaires, dont elle ne s'occupe pas plus que s'il ne devait jamais y en avoir[1]), ait voulu donner l'exclusion aux proches du célibataire en haine de celui-ci. Rien ne peut évidemment autoriser cette seconde interprétation, non plus que la première, du mutisme gardé

---

[1] Dans les édits royaux antérieurs à 1777, comme dans les décrets de la Convention, les droits des *cessionnaires* sont toujours maintenus et garantis.

Il y a plus : le projet de loi présenté par le gouvernement en 1839, et voté par la chambre des pairs, s'expliquait très-nettement à cet égard par cette expression : *Les héritiers et autres représentants.*

par elle. Donc la seule explication naturelle de l'étrange silence de la loi en question, c'est, je l'ai dit, le fait involontaire d'une prétérition pure et simple échappée à l'attention du législateur.

Quelle que soit au surplus la cause, il ne se peut que l'effet soit maintenu : contraire à la raison, contraire au principe, il doit dans tous les cas forcément disparaître de la loi, et en disparaître sans retard.

Si la propriété littéraire et artistique est bientôt, comme tout le garantit, rétablie par la sagesse du pouvoir social dans ses droits et honneurs légitimes, si son caractère ineffaçable de propriété de droit commun lui est rendu, par cela même la loi commune des successions lui devient applicable.

Si, au contraire, par suite de la fatalité à laquelle elle est en butte depuis si longtemps, il se peut que, succombant encore cette fois dans sa lutte contre l'erreur, elle n'obtienne que cette pâle et presque insignifiante satisfaction dont l'a naguère menacée le congrès de Bruxelles, c'est-à-dire une simple prolongation de sa précaire jouissance actuelle; ou bien même si, à supposer l'insupposable, il se pouvait que rien ne fût encore innové quant à présent à son égard, il n'y en a pas moins nécessité absolue et urgente de réformer la loi qui la régit, à l'effet d'y effacer, par respect pour le législateur lui-même, la trace d'une erreur ou d'une irréflexion qui compromettent son autorité morale[1].

IV

CONCLUSIONS.

J'ai parcouru avec le plus de fidélité que j'ai pu le cercle que je m'étais tracé pour l'examen et la discussion des trois questions principales posées au début de ce mémoire, ainsi que des questions annexes qui en dérivent.

J'ai cherché à donner aux principes invoqués toute l'assiette légale possible, et à leurs conséquences toute la précision nécessaire pour qu'aucune incertitude ne pût subsister désormais sur la sanction que réclament les droits pour lesquels je stipule.

---

[1] Sur cette thèse du retour à la loi commune des successions pour ce qui touche le droit littéraire, je ne connais encore qu'une seule opinion manifestée, c'est celle émise par un de nos auteurs dramatiques les plus féconds et les plus spirituels, M. Sauvage, à qui sont dus tant de charmants opéras-comiques, et dont l'honorable caractère n'inspire pas moins de sympathie pour sa personne que n'en donne pour son talent la grâce de ses compositions. Dans une lettre à mon adresse, contenant une chaleureuse approbation de ma profession de principes en faveur de la perpétuité et de l'hérédité du droit littéraire, dans cette lettre, dis-je, chef-d'œuvre de logique et de bon sens, M. Sauvage, qui a prouvé par là que l'élégance de l'esprit n'en exclut pas la force et le sérieux, fait le procès à la loi actuelle d'exhérédation des collatéraux; et en le lisant, on sent que cette loi sera sous peu condamnée par tous les amis de la raison et de l'équité, comme elle ne peut manquer de l'être dès à présent par tous les défenseurs du droit public et civil.

Tout en m'efforçant de maintenir ma discussion dans les termes les plus rapprochés possible de ceux qui conviennent à une thèse de droit, j'ai dû pourtant, et j'y ai mis également tous mes soins, ne pas me tenir à distance trop grande du langage propre à me faire comprendre de ceux auxquels les matières juridiques ne sont pas familières ; peut-être, en cherchant à concilier ces deux convenances opposées, n'aurai-je fait par malheur que ne satisfaire ni à l'une ni à l'autre.

Et toutefois, je dois le dire, à mon sens, les principes invoqués sont si simples, si clairs, si précis, d'une part, qu'il n'y a pas de juriste qui ne les avoue, et que, d'autre part tout homme du monde, même le moins versé dans les choses du droit, est parfaitement en état de les apprécier à leur juste valeur. Ainsi, les uns et les autres ne sauraient conclure autrement, ce me semble, que je ne l'ai fait moi-même.

Maintenant donc que l'on doit de toutes parts, suivant moi, considérer les droits dont il est question comme établis de la manière la plus manifeste, il ne reste plus qu'à s'entendre sur les termes dans lesquels ils paraissent devoir être consacrés par la puissance publique.

C'est à ce point de vue que j'ai cru pouvoir me permettre de présenter une sorte de spécimen de la réglementation législative, qu'à mon sens exige la matière, en formulant un projet de loi à soumettre au pouvoir pour la régularisation de toutes les positions nouvelles qui se trouveront créées par le seul fait de la substitution du droit perpétuel au droit temporaire.

On trouvera la formule de ce projet à la suite du présent mémoire (pages 103 à 107).

Je ne crois pas me tromper en affirmant que si, sauf bien entendu toute autre et meilleure rédaction, les dispositions proposées pouvaient être agréées, et si une loi analogue pouvait être portée, la conciliation la plus heureuse serait faite, par cela même, entre le droit littéraire et le domaine public, que tout antagonisme disparaîtrait, et que ce procès séculaire recevrait enfin une solution conforme à tous les intérêts légitimes.

Au demeurant, toutefois, je ne prétends assurément pas que cette solution, qui est mienne, doive être celle de tout le monde ; quelles que soient les investigations approfondies auxquelles, depuis longues années, je me suis livré avec toute l'ardeur dont j'étais capable, sur une matière qui a été pour ainsi dire l'étude de toute ma vie, je comprends très-bien que je n'ai aucun droit d'imposer mes convictions à cet égard. Pour que ces convictions puissent gagner raisonnablement les esprits de la généralité, il est indispensable, je le sens, qu'elles soient sanctionnées par l'irrécusable autorité des maîtres de la doctrine juridique, et c'est parce que je le crois fermement que je me suis déterminé à leur déférer la connaissance et le jugement de mon présent travail, invoquant et leurs lumières et leur avis sur chacune des questions posées comme sur leurs conséquences formulées en ce même projet de loi dont je vais tout à l'heure présenter les dispositions.

AUTORITÉS

A L'APPUI DU PRINCIPE DE PERPÉTUITÉ

S'il est très-vrai que je ne prétends nullement, ainsi que je viens de le dire, imposer à qui que ce soit mon opinion personnelle sur ce qui touche la nature et les effets de la propriété littéraire, et si, même avec les convictions qui me dominent, il est certain que je me garderais bien de donner cette opinion pour absolue, en même temps il ne saurait m'être interdit, je pense, d'appeler ici en témoignage de sa valeur logique celles avec lesquelles j'ai eu l'honneur de me trouver en concours et en similitude de la part d'un grand nombre de ces intelligences élevées, lumineuses, presque infaillibles à force de sagacité, qui ont le privilége de faire souvent à elles seules autorité, même, dans les matières les plus ardues et les plus délicates.

Entre toutes ces graves opinions sympathiques à la mienne, je dois ici, à cause de la spécialité de ce mémoire, plus particulièrement voué à l'examen juridique de la question, rappeler d'abord et en première ligne celles qui émanent des hommes du barreau et de la législature, car elles forment en masse et par leur réunion, comme un pré-avis imposant qui ne doit pas manquer de faire grande impression sur les honorables jurisconsultes appelés à émettre actuellement leur sentiment à l'égard des mêmes points que ceux traités par leurs illustres devanciers.

Je puis faire remonter très-haut cette citation, car, comme on a pu le voir dans l'exposé des faits, les avocats les plus renommés du dix-huitième siècle s'étaient prononcés en faveur du principe de perpétuité et d'hérédité de la propriété littéraire avant même que le dix-neuvième siècle eût fait revivre la question ; et bien qu'il ne s'agisse ici de traiter la matière qu'au point de vue de l'état où elle se trouve placée dans les temps actuels, comme, pourtant, le principe défendu par ces anciens de la doctrine est aujourd'hui ce qu'il était alors, je ne crois pas devoir le priver du bénéfice de l'invocation de leur opinion si digne de mémoire et de considération ; elle ne peut que donner un appui aussi honorable que puissant à celle des hommes non moins distingués qui ont suivi leurs traces glorieuses en embrassant la même défense.

Quant à ceux-ci, je n'en ferai remonter la nomenclature qu'à l'année 1825, première époque d'un débat sérieux sur la matière pendant le cours du dix-neuvième siècle.

A ce titre, j'inscris avec bonheur sur ce livre d'or de la défense du droit littéraire et artistique les grands magistrats, avocats et légistes, dont les noms suivent, savoir :

AU DIX-HUITIÈME SIÈCLE :

MM.		MM.	
1. P. Séguier, avocat général au Parlement.		9. Pialet,	avocat au Parlement.
2. L. d'Héricourt, avocat au Parlement.		10. Blondel,	id.
3. Linguet,	id.	11. Morizeau,	id.
4. Cochu,	id.	12. Despaulx,	id.
5. Estienne,	id.	13. Moreau de Vorme,	id.
6. Rigault,	id.	14. Huart Dupare,	id.
7. Pothuis,	id.	15. Lalanne,	id.
8. Duvert d'Émalleville,	id.	16. Bouder,	id.

qui tous appartiennent à l'époque des règnes de Louis XV et Louis XVI.

AU DIX-NEUVIÈME SIÈCLE :

MM.	MM.
17. Portalis, avocat, premier président de la cour de cassation.	21. Lainé, avocat, ministre d'État.
18. Bellart, avocat, cons. d'État, proc. gén.	22. Hennequin, avocat, ancien bâtonnier de l'ordre.
19. Vatimesnil, id., avocat général.	23. Pardessus, avocat, professeur à l'École de droit.
20. Lally-Tollendal, id., pair de France.	

qui appartiennent à l'époque des gouvernements du premier empire, de la restauration, de Louis-Philippe, de la deuxième république et du deuxième empire.

Et parmi les plus modernes encore :

MM.		MM.	
24. Étienne Blanc, avocat à la C. imp. de Paris.		29. Geffroy, avocat à la cour imp. de Paris.	
25. Breulier,	id.	30. Beaume,	id.
26. Bcguet,	id.	31. Alexis Huart,	id.
27. Tixier,	id.	32. Garnier,	id.
28. Vincent,	id.	33. Pataille,	id.

Ces derniers, qui appartiennent à l'époque présente, ne sont pas les seuls membres du barreau sans nul doute, qui aient pris la défense du droit littéraire, mais ce sont ceux du moins qui se sont produits au grand jour de la discussion dans cette belle et noble cause.

Voici donc une première liste formidable d'éminents représentants de la science du droit qui viennent apporter au principe de perpétuité et d'hérédité de la propriété littéraire le tribut de leurs convictions et de leur expérience juridique.

Après cette part acquise au barreau et à la législature vient celle de l'administration publique et des académies. Elle est belle aussi, comme on en peut juger par les noms qui suivent, et qui pourtant sont bien loin d'être les seuls qui méritent d'y figurer. Ce sont :

MM.		MM.	
1. Cuvier,	de l'Institut.	8. Picard,	de l'Institut.
2. Quatremère de Quincy,	id.	9. Michaud,	id.
3. Andrieux,	id.	10. Parseval,	id.
4. Delaville,	id.	11. Lemercier,	id.
5. Dacier,	id.	12. Baron Taylor,	id.
6. Roger,	id.	13. Champeix,	id.
7. Auger,	id.		

tous membres de la commission de 1825, à la nomenclature desquels il faut ajouter au même titre les autres et illustres adhérents que j'ai déjà nommés et M. le vicomte de la Rochefoucault, leur digne président.

En rappelant ici cette mémorable réunion des plus hautes notabilités du temps, dans la science, la magistrature, les lettres et les arts qui formèrent la commission royale de la propriété littéraire, je ne saurais oublier une autre illustration d'un genre différent, mais qui n'en a pas moins jeté le plus vif éclat sur un art bien cher au pays, l'art théâtral, soit par l'électrisante sublimité de son génie scénique, soit par l'étendue de son savoir spécial, soit par l'honorabilité de son caractère personnel : c'est nommer Talma. Et en effet le grand acteur appelé par la volonté royale sur la proposition du directeur général des Beaux-Arts, à stipuler dans cette brillante assemblée l'intérêt dramatique s'y montra digne en tous points de ce choix si honorable pour lui et sut habilement concilier avec les intérêts du théâtre la justice due aux lettres et aux arts[1].

Tous ceux que je viens de nommer furent les premiers entre leurs pareils qui, dans les temps antérieurs au temps présent, à partir, je l'ai dit, de cette époque de 1825, ère de résurrection du débat sur la grande question de la propriété littéraire, embrassèrent dogmatiquement la défense du principe de perpétuité.

Mais ce n'est pas à dire que les temps qui ont suivi ceux-là, aussi bien que notre présente époque, n'aient pas aussi leurs illustrations de même nature. La

[1] La justice veut que je mentionne ici l'opinion conforme émise en des circonstances et avec un talent remarquable par un jeune écrivain de ces temps, qui, pour n'en être alors qu'à son début dans la carrière, n'en eut pas moins le mérite et l'honneur de signaler plus spécialement, le premier, cette distinction capitale qu'il faut soigneusement établir entre les deux natures dont se compose l'ensemble de la propriété littéraire et artistique.

Je veux parler de l'écrit publié en 1825 par M. A. Desprès, sous les auspices du département des Beaux-Arts, et où il établit cette distinction, qui doit être le point de départ de tout examen raisonnable du droit littéraire, à savoir, l'IDÉE et le LIVRE. L'idée, qui reste au public; le livre, qui doit rester à l'auteur.

lutte ne cessant pas, le zèle des défenseurs n'a pas dû faiblir, et aujourd'hui comme alors l'élite de nos orateurs, de nos logiciens, s'est vouée avec non moins de zèle et d'éclat à cette cause si digne de leurs généreux efforts.

En tête de cette seconde liste, la voix publique et l'admiration de tous ont placé, bien avant que j'aie eu à le faire moi-même, un nom dont l'autorité, en pareille matière, ne sera révoquée par personne, le grand nom de LAMARTINE. Ainsi que nous l'avons vu précédemment, rapporteur à la chambre des députés du projet de loi de 1839, l'illustre orateur avait soutenu avec force dans le sein de la commission le principe de l'hérédité, et il n'a pas tenu à lui que ce principe ne prévalût dès ce moment.

A côté de M. de Lamartine se place, dans les fastes parlementaires de la même époque, un noble pair et académicien illustré par son talent hors ligne comme historien militaire, M. le comte PHILIPPE DE SÉGUR, dont la voix éloquente vint à plusieurs reprises protester à la tribune de la chambre haute en faveur de l'hérédité. Puis M. le comte SIMÉON qui, bien que forcé, comme rapporteur du même projet de loi, de soutenir la thèse d'extension de la jouissance temporaire, n'en laissa pas moins voir de la manière la plus claire ses tendances en faveur du droit de propriété absolue. Puis encore beaucoup d'autres membres de l'assemblée qui parlèrent en ce sens, et dont, même en me trouvant forcé d'omettre ici, à mon grand regret, la trop longue nomenclature, je ne puis pourtant me résoudre à passer sous silence l'un d'eux, le digne savant et philosophe qui brilla si longtemps, en dépit de sa modestie, dans les conseils du gouvernement, M. le baron DE GÉRANDO[1].

Il est une autre adhésion plus récente que, malgré l'apparence d'utopie que peut offrir le système dans le développement duquel elle se produit, je n'hésite pas à citer comme l'une des plus concluantes en faveur de ma thèse, et cela parce que, venant d'un esprit très-supérieur, rompu aux luttes de la dialectique, elle a sa base essentielle dans le respect du droit de propriété: je veux parler de M. ÉMILE DE GIRARDIN et de son livre ayant pour titre la POLITIQUE UNIVERSELLE. Là, le célèbre publiciste propose et explique avec sa verve incisive et hardie, une idée qui est pour ainsi dire l'idée créatrice de tout un monde social nouveau. C'est l'institution d'un droit universel et réciproque entre les citoyens sous le titre de PATRIMOINE, par lequel toute propriété quelconque, y compris bien entendu celle des œuvres de l'esprit, serait susceptible d'être en tout temps rachetée à son possesseur. Il met à ce rachat la condition essentielle de *payement immédiat et préalable de la valeur déclarée par le possesseur et vendeur lui-même, avec un dixième en sus*, dis-

---

[1] M. le baron de Gérando, qui a laissé, en philosophie et en économie politique, des œuvres si remarquables, fut à la fois l'une des lumières les plus vives du conseil d'État et l'un de ses membres les plus laborieux. C'est par un long travail avec lui que je débutai, il y a bien longtemps de cela, dans la carrière des affaires administratives, et je ne saurais dire toute la douceur des souvenirs si vivaces qu'a laissés dans mon cœur et dans mon esprit ce temps de relations presque intimes avec ce noble rapporteur du conseil d'État, aussi éminent et digne comme magistrat qu'excellent et affable comme homme privé.

position qui, à vrai dire, vient singulièrement atténuer la rigueur du principe et rendrait ce droit nouveau, s'il était possible que jamais il s'introduisît dans la société française ou autre, bien plus tolérable, il faut en convenir, que celui dont notre législation présente afflige la propriété littéraire. Mais ce que surtout il faut remarquer dans l'exposé de la doctrine en question, c'est cette opinion émise sur la nature de cette même propriété : « *L'auteur* « *n'est ni plus ni moins propriétaire de son livre que le propriétaire ne* « *l'est de sa terre.* » Il était certainement impossible de rien dire de plus précis dans le sens affirmatif, et l'on doit manifestement placer ce témoignage rendu à la réalité du droit littéraire par l'un des esprits les plus avancés du temps présent, au nombre des meilleurs arguments à opposer aux adversaires de ce droit, qui le combattent précisément au nom de l'avancement de l'esprit et du progrès des lumières.

Enfin, pour ce qui concerne l'époque tout à fait actuelle, c'est surtout aux échos du congrès belge à répéter les noms de ceux de nos compatriotes qui ont été là faire entendre leurs généreux accents en faveur de la perpétuité du droit en question. Ils ne sauraient être oubliés ces noms si honorables, et toujours vivra pour les vrais amis des lettres et des arts le souvenir de ce gage mémorable de zèle pour la propriété littéraire donné avec tant de distinction par MM. ETIENNE BLANC, JULES SOLON et LOUIS HACHETTE [1], aussi bien que par MM. E. BEAULIEU, G. GUIFFREY, GARNIER, dont j'aime à rappeler ici les noms comme ayant concouru si brillamment, avec ces trois autres notabilités, à la défense du droit littéraire et artistique.

Il en est d'autres encore qui ont eu le même honneur, et en tête desquels il faut également citer de nouveau le nom si honoré de M. le baron *Taylor*, qui, athlète toujours vigoureux malgré trente-quatre ans écoulés depuis ses premiers combats en 1825-26, a retrouvé toute son énergie pour défendre en 1859, avec cette persistance que peuvent seules donner la conscience et la conviction, les mêmes principes qu'il avait jadis si chaleureusement professés devant la Commission royale.

Pourrais-je oublier de mentionner ici avec tout l'honneur qui lui est dû, le fait si marquant de ces adhésions chaleureuses émanées tout récemment encore d'une foule de corps savants qui, parlant au nom de l'immense majorité, de l'unanimité, dirais-je, des membres qui les composent, sont ainsi venues apporter au principe de la jouissance perpétuelle du droit littéraire des appuis par milliers, trouvés par lui dans les rangs de ces éminents esprits dans lesquels, de par les lumières qui les distinguent, il faut voir les plus dignes représentants de l'opinion publique [2].

Je ne pourrais non plus, sans grande injustice, omettre ici d'autres noms encore qui, bien qu'en dehors de l'action directe du congrès de Bruxelles, ont

---

[1] Comme président de la quatrième section du congrès de Bruxelles.

[2] Voir à l'*Appendice* (page 110) ci-après la liste complète de ces associations.

néanmoins, soit à l'occasion de sa tenue, soit en d'autres circonstances, également concouru par leurs écrits, ou leur polémique dans les journaux, à défendre et soutenir la cause de la perpétuité du droit littéraire et artistique.

A ces titres, je citerai MM. ÉTIENNE BLANC, que j'ai déjà nommé, il est vrai, comme avocat et membre du congrès de Bruxelles, mais qu'il me faut citer ici de plus, à titre d'écrivain très-distingué et comme ayant, dans l'utile journal qu'il a fondé[1], consacré sa plume à la fervente et habile défense du principe d'hérédité absolue; ÉDOUARD DE LABOULAYE, le savant et digne professeur au collège de France, qui a déposé dans plus d'un ouvrage éminemment remarquable le fruit précieux de ses études sur cette grande question[2]; LOUIS ALLOURY, qui a joint au mérite personnel si grand de son intervention par d'excellents articles dans le même sens, le service capital rendu à cette cause de lui conquérir l'un des organes les plus graves de la presse quotidienne, le *Journal des Débats*; AUGUSTE VITU, à qui même hommage est dû pour ce qui concerne le *Constitutionnel*; ALPHONSE KARR, dont l'original et vigoureux talent s'est plus d'une fois exercé avec son mordant habituel sur la même matière; LOUIS JOURDAN, EUGÈNE PELLETAN, qui, dans les journaux le *Siècle* et la *Presse*, ont apporté au droit littéraire l'aide puissant de leur dialectique; THÉODORE ANNE, auquel la cause doit un appui tout analogue donné avec cette vigueur de plume et cette ardente loyauté de cœur qui lui ont fait une place si honorable dans la presse quotidienne; DE LESCURE, qui, portant si bien déjà un nom illustré dans les fastes du courage et du dévouement, ajoute à l'auréole de ce nom glorieux celle d'un talent d'écrivain tout à la fois plein de nerf et de goût; MÉLESVILLE, qui, dans un rapport à la société des auteurs dramatiques à l'occasion du procès soutenu par elle contre l'administration du Théâtre-Lyrique, relativement à l'œuvre de Weber, a défendu avec un entraînement plein de force et de logique la cause du droit de perpétuité; FERDINAND GUIMONT, sous-chef du bureau de la propriété littéraire au ministère de l'intérieur, qui, en sa qualité de rapporteur d'une commission de l'Athénée, et dans une lettre publiée par le *Moniteur* (belge) *du travail national*, a si éloquemment fait valoir les raisons sur lesquelles repose ce même droit; ÉDOUARD MONNAIS, cet homme d'esprit d'un goût si sûr, cet appréciateur si distingué de toutes œuvres, que la pratique des arts et celle des lettres s'envieraient si les brillants services qu'il leur rend dans l'administration ne le plaçaient, à leur égard, dans une situation plus utile encore à leur prospérité, sans pourtant qu'elle l'empêche de leur donner des gages fréquents de sa haute aptitude comme artiste et comme écrivain; ALEXIS HUART, que j'ai déjà nommé comme avocat, mais dont l'accession en cette qualité acquiert un prix de plus par son concours dans la presse militante, etc., etc.

Parmi les célébrités savantes, artistiques et littéraires du temps présent qui

---

[1] La PROPRIÉTÉ INDUSTRIELLE, journal semi-périodique, fondé en 1857, qui a pris un grand développement à raison de la judicieuse direction qui lui est donnée.

[2] Notamment les ÉTUDES SUR LA PROPRIÉTÉ LITTÉRAIRE EN FRANCE ET EN ANGLETERRE (1858).

se sont bornées à des opinions non publiées, mais qu'elles avouent hautement, je dois mettre aux premiers rangs de cette autre catégorie de défenseurs de la propriété littéraire MM. EUGÈNE SCRIBE, PROSPER MÉRIMÉE, PONSARD, AMBROISE THOMAS, membres illustres de l'Institut, desquels l'opinion affirmative, si franchement exprimée par eux comme individus, laisse aisément deviner quelle serait celle du corps, s'il lui était donné de l'énoncer officiellement ; CAMILLE DOUCET, dont la place est marquée d'avance, par son talent dramatique si pur, dans ce corps littéraire d'élite, talent qu'on peut caractériser par quelques mots en disant qu'il est le génie de la pensée élégante en même temps que de l'observation fine et vraie ; MICHEL MASSON, si bien connu de tous, et qui, parlant au nom de la Société des gens de lettres qu'il présidait, a donné au droit de perpétuité la plus complète adhésion ; AUGUSTE MAQUET, l'homme des grands succès dramatiques, qui, au nom de la Société des auteurs et compositeurs, a fourni même adhésion ; DELAVIGNE, professeur renommé de la Faculté des lettres de Toulouse, dont le rapport à l'Académie des Jeux Floraux est la plus généreuse protestation en faveur du droit perpétuel ; SAINTINE, qu'immortalise pour tous les gens de cœur et de goût le souvenir de *Picciola* ; EMILE DESCHAMPS, ce digne et aimable vétéran de la grande armée des lettres, en qui l'âge mûr voit briller encore toute la fraîcheur de son talent du jeune âge ; FERDINAND LANGLÉ, dont les fastes du théâtre conservent le nom, comme inséparable de la mémoire de tant d'œuvres originales, où, même avec la légèreté du genre, l'esprit sagace et pénétrant le dispute à la gaieté, auteur qui, de plus, a ici le mérite d'avoir été l'un des premiers, en 1826, 1827, 1828, à embrasser chaleureusement la défense du principe de perpétuité et d'hérédité ; FRANCIS WEY ; LAFFITTE, PAUL FÉVAL, le brillant et inépuisable romancier ; T. SAUVAGE, dont j'ai précédemment fait connaître (page 89) la judicieuse opinion sur la question successorale ; MARTIN DOISY, dont la vive et riche imagination a su se plier pourtant, par amour du bien public, à ces graves travaux, fruits d'immenses recherches, à ces ouvrages éminemment sérieux et profonds, qu'on dirait, vu leur étendue, exiger qu'on leur consacrât une vie tout entière[1], mais qui, dans l'honorable auteur dont je parle, se concilient merveilleusement et avec bien d'autres travaux littéraires très-remarquables et avec la pratique journalière de devoirs administratifs de haute importance ; ACHILLE JUBINAL, qui, dans le sein du Corps législatif, a plus d'une fois fait entendre de chaleureuses protestations en faveur de la propriété littéraire ; LÉVI ALVARÈS, l'homme si distingué d'esprit et de cœur, auquel est due la fondation de ces cours d'éducation maternelle, si chers à toutes les mères de famille et qui laissent dans l'âme de toutes ses gracieuses élèves des souvenirs si doux en même temps que des errements si utiles ; ALKAN, le digne professeur, à qui sa chaire publique dans les abstraites matières de science et d'industrie ne fait pas oublier l'intérêt des lettres, et qui, jusque dans ses sympathies si naturelles

---

[1] DICTIONNAIRE (HISTORIQUE ET RAISONNÉ) DE L'ASSISTANCE PUBLIQUE. 2 volumes in-4° de 800 pages.

pour le droit des inventeurs, n'a garde de négliger la défense du droit des auteurs.

Je pourrais pousser bien plus loin encore cette nomenclature, et si je ne le fais pas, c'est par le besoin d'une réserve que l'on comprendra sans peine.

Cette réserve, j'ai dû surtout me l'imposer pour ce qui touche les notabilités du pays étranger qui ont combattu pour la même cause, mais pourtant je ne puis résister au désir de rendre un plein et sincère hommage à l'une d'elles, qui, dans le pays voisin, a donné des gages si nombreux et si efficaces de son zèle pour le triomphe du principe, à ce savant quasi universel, par excellence l'homme de bonne volonté selon l'Écriture, toujours prêt à donner son temps, son savoir, son esprit à la diffusion des enseignements utiles et à l'accroissement du bien-être des classes souffrantes : tout le monde, à ces traits, reconnaîtra M. Jobard (de Bruxelles)[1], et il n'est personne assurément qui veuille réclamer contre la place que je lui donne parmi les illustrations de mon propre pays[2].

En passant ainsi comme la revue de cette glorieuse phalange des champions du droit littéraire, je n'ai garde assurément de prétendre que l'autre camp n'a pas aussi son brillant état-major de célébrités contemporaines. Mais je ne crains pas d'être démenti en disant que, comparée à celle ci-dessus, la légende de ce parti si honorable même en son erreur, est loin d'avoir le nombre et l'autorité de la légende de l'autre ; je maintiens, à l'égard de celle-ci, que cette imposante réunion d'esprits supérieurs, qui a mis au service du principe héréditaire toute sa puissance logique, est à elle seule un formidable argument en sa faveur ; je dis qu'avec une telle force morale il faut savoir compter ; je dis que si le progrès n'est pas un vain mot, c'est à de tels indices surtout qu'il est reconnaissable, et que des idées qui ont pour elles cette sanction acquièrent ainsi le droit de se substituer à celles dont elles sont la négation raisonnée et légitime ; je dis enfin que s'il est bien vrai qu'il ne faut pas ébranler à la légère les monuments de la législation d'un pays, il n'est pas moins certain que lorsqu'une grande amélioration s'est fait jour dans les masses pensantes, mûrie pendant un long temps par l'examen et la discussion publique, ce besoin doit obtenir satisfaction. C'est à cela toujours qu'un pouvoir habile et tutélaire mettra surtout sa gloire, et cette gloire n'en est que plus

---

[1] Cet hommage, que je me plais tant à rendre à l'illustre savant belge, paraîtra d'autant plus libre et indépendant de ma part, que mon opinion sur la question présente diffère de la sienne en certains points, et que cette différence a été signalée par lui avec une grande vivacité dans les journaux belges.

[2] Je ne saurais séparer cette justice, rendue de si grand cœur à M. Jobard, du témoignage qui n'est pas moins légitimement dû à son aide et collaborateur, fort honorable aussi, dans l'œuvre de la création du COMITÉ BELGE DE DÉFENSE DE LA PROPRIÉTÉ INDUSTRIELLE, M. l'avocat BONNEVIE, dont le zèle infatigable, secondé par son aptitude hors ligne, a concouru d'une manière si efficace à développer le mouvement général d'opinion qui favorise aujourd'hui la cause de la réforme de la législation européenne du droit littéraire et artistique, et qui la pousse si visiblement vers une solution prochaine conforme au vœu de ses amis.

réelle quand elle a pour but la destruction des préjugés, qui, si souvent, par malheur, viennent fausser les idées et les institutions d'un grand peuple. Il est peu de ces erreurs fatales qui puissent moins s'expliquer que celle qui, depuis si longtemps, étreint, étouffe le droit littéraire sur toute la surface du monde civilisé : l'occasion se présente de secouer son joug, et tout porte à croire qu'elle sera saisie cette fois.

Aussi, à mon sens comme à celui de quiconque aura voulu sérieusement étudier, creuser la question, bien peu de temps se passera désormais sans qu'on puisse dire que c'en est fait pour toujours de l'autorité de toutes ces idées, par trop excentriques, sur lesquelles ont vécu depuis soixante-quinze ans les adversaires du droit des auteurs, à savoir, « que l'œuvre d'un écrivain, « d'un artiste, c'est l'œuvre de son voisin, l'œuvre de tout le monde tout au- « tant que la sienne; » ou bien « que le public est le donataire nécessaire, à « titre gratuit, de tout auteur, et qu'au préjudice des héritiers du sang, il doit, « après la mort de celui-ci, recueillir, en leur lieu et place, le profit pécuniaire « de la vente de dix mille, vingt mille, cent mille exemplaires d'un chef « d'œuvre, par cela seul que l'auteur en aura de son vivant mis en vente quel- « ques-uns; » ou enfin « que ceux d'entre les membres de la société qui ont « noblement, laborieusement voué leur existence à instruire ou charmer le « pays doivent se trouver magnifiquement récompensés par lui, lorsque la « nation daigne ne leur prendre qu'une partie de leur bien, en laissant leur « famille dans la misère. »

Car voilà en effet, dépouillées de leur parure oratoire et présentées dans leur nudité rude et crue mais nette et vraie, les incroyables pauvretés de raisonnement, les folies, pourrait-on dire, qu'on nous a données pendant trois quarts de siècle comme axiomes de raison, d'équité sociale et de droit public devant servir de règle infaillible pour l'appréciation de la propriété des œuvres de la littérature et des arts! Voilà ce que depuis si longtemps quelques hommes de science, d'esprit, de talent et de conviction (je n'ai ni le droit ni la volonté d'en douter) ont accepté comme règles de solution dans une question qui engage les plus hauts et les plus nobles intérêts de la société! N'est-ce pas le cas vraiment de déplorer de nouveau l'infirmité de l'esprit humain, la triste puissance du paradoxe et la fatale influence des préjugés?

Au demeurant, celui de ces préjugés que je viens de combattre ne saurait, je l'affirme, tenir longtemps encore contre la puissance de raison, contre l'éclat de lumières qui le pressent de tous côtés. Très-évidemment, au contraire, son empire s'ébranle de plus en plus, et, à demi écroulé déjà dans le sens intime de la grande majorité des esprits, bientôt on le verra, j'en ai la conviction profonde, prendre fin complètement sous le coup de cette irrésistible force de l'opinion, juge supérieur de toutes choses, dont l'arbitrage est sans appel lorsqu'il prend, comme ici, sa raison de décider dans les inspirations de la conscience et du bon sens publics.

Je serais, quant à moi, bien largement, bien heureusement payé de mes longs efforts, s'il se pouvait que les raisons par lesquelles j'ai cherché, humble interprète de tant d'esprits d'élite, à détruire cette erreur si déplorable, eussent chez nous la puissance d'amener une solution conforme à ces espérances[1]. Au moins est-il permis de croire que, dans sa haute sagesse, la législature de France daignera donner accès près d'elle à des idées essentiellement conservatrices, si fortement recommandées d'ailleurs à son attention, à sa justice, par la considération des nobles intelligences qui les ont émises ou adoptées.

Et surtout l'on ne peut presque pas douter que le pouvoir initiateur, acquis à ces mêmes idées, pressenties dès longtemps par sa rare sagacité personnelle, n'en tire l'heureuse inspiration de replacer le droit littéraire et artistique au rang qu'il occupait parmi nous dans l'origine, et dont il n'aurait jamais dû déchoir.

[1] Je supplie qu'on veuille bien, ici, ne pas prendre le change sur le sens de mes paroles. Je n'ai, certes, aucune volonté d'exagérer la valeur de mon concours à la défense de la propriété littéraire, et les personnes dont j'ai l'honneur d'être connu sont là pour affirmer que jamais la suffisance et la vanité ne furent au nombre de mes défauts. Je ne prétends pas qu'après avoir, en 1825, réveillé la question, qui sommeillait depuis trente ans, l'aide incessant que j'ai apporté à la cause, avec grand zèle, pendant *trente-cinq ans*, vaille mieux que celui de tout autre de ses défenseurs; mais, de nos jours, il est plus d'un de ses amis, du temps présent, qui fait bon marché de ceux du temps passé, et qui aimerait tout autant qu'il n'en fût pas question, dans l'idée que la part du mérite actuel de cette défense en serait d'autant plus grosse. Aussi, tout en puisant leurs arguments chez leurs devanciers, se gardent-ils bien d'indiquer la source. Peut-être ont-ils raison, à un certain point de vue, car il est sûr qu'en général, dans notre monde, tel qu'il est et sera probablement toujours, les ouvriers de la dernière heure ont ordinairement le pas sur les ouvriers de la première. Juste ou non, le fait est ainsi, et il y a peu d'espoir qu'il ne le soit plus désormais. Pourtant il n'est pas interdit, ce me semble, de faire des réserves et de plaider quelque peu pour le passé devant le présent, surtout lorsque ce n'est pas dans un intérêt égoïste, mais au contraire dans l'intérêt de beaucoup d'autres que soi-même, car je suis loin d'être le seul qu'on ait ainsi laissé dans les limbes. J'espère donc qu'on me voudra bien pardonner, et que, sans que cela tire à conséquence, on voudra bien se dire, suivant la formule d'usage : *L'observation subsiste.*

CONSIDÉRATIONS GÉNÉRALES

De la grande et salutaire mesure de restitution d'un principe si élevé par
sa nature et par ses rapports il ne ressortira pas seulement un hommage au
bon droit et un acte de haute équité envers une classe nombreuse et notable de
citoyens ; il en ressortira aussi le moyen assuré de donner un nouvel élan à
des sentiments propres essentiellement à seconder avec efficacité l'accroissement de l'une des plus grandes gloires du pays.

Qu'on ne s'y trompe pas en effet : s'il est bien vrai que notre France est,
entre toutes les nations du monde, la patrie privilégiée des lettres et des arts,
il ne l'est pas moins que leur amour fervent, cause première de l'éclat qu'ils
font rejaillir sur elle, peut être fortement stimulé par des raisons très-légitimes
tirées du fait de la justice rendue au droit héréditaire des auteurs. Sans nul
doute, l'idée de travailler pour l'honneur de son pays et pour l'illustration de
son propre nom est un double mobile bien fait pour enflammer le génie de
l'écrivain et de l'artiste ; mais, n'est-il pas une autre cause encore qui peut agir
dans le même sens et servir de puissant adminicule aux deux premières en leur
communiquant son énergie ? Oui, certes, et cette cause c'est celle qui procède
à la fois des plus saintes lois de la nature et de la plus sage d'entre les lois des
hommes : c'est la tendresse du père de famille secondée par la prévoyance du
législateur créant, dans le premier, la foi de l'avenir, lui faisant voir dans le
fruit de ses labeurs la garantie du bien-être futur de ses enfants, le gage de la
place honorable qu'un jour pourront tenir dans la société les êtres qui lui furent chers de son vivant même, ou qui, nés de ceux-ci quand son âme aura
quitté la terre, n'en sont pas moins, dès ce monde, l'objet de ses sollicitudes.
Otez au laborieux ami des lettres, des arts, cette noble, cette douce espérance
en maintenant la proscription du droit des familles et vous éteignez dans son
cœur l'une des flammes de l'esprit ; vous paralysez en partie la faculté généra-
trice des œuvres sublimes, vous rapetissez d'avance les grands hommes : en
faisant voir à l'auteur, dans un temps rapproché de sa mort, le patrimoine de
ses enfants devenu la proie du domaine public, vous le tenez sous le coup d'une

obsession qui, décourageante et mauvaise conseillère, le pousse, comme malgré lui, dans une voie tout autre que celle qu'il eût suivie sans cela, dans une voie où la gloire des lettres et des arts est sacrifiée forcément à la matérialité de leur culte ; vous l'obligez à déserter la création de ces œuvres sérieuses et grandioses qui ne peuvent être que le fruit d'une longue et laborieuse étude, pour des productions de portée moins haute, souvent même pour des compositions où l'avantage moral est nul pour la science comme pour le public ; et cela, parce que, de celles-ci, le profit matériel arrive à l'auteur dans un délai très-court, tandis que des autres, le fruit, quoique de nature infaillible, fuit d'ordinaire devant l'auteur pour ne se recueillir qu'après lui. C'est ainsi que vous arrivez à créer une cause complexe, également fatale, et de la dégénération du talent et de l'appauvrissement de l'esprit public.

Mais sortez enfin de cette funeste doctrine légale qui emprisonne le génie, qui enchaîne son essor et qui, en plus d'un, peut tuer son action : rouvrez, pour tout auteur, les horizons de l'avenir, en lui rendant le noble droit de se sacrifier pour ses enfants par le fait d'un labeur désormais fécond pour eux s'il reste improductif pour lui ; en un mot, restituez aux familles des artistes et des gens de lettres leur légitime héritage, et alors vous ne tarderez pas à voir quels bons et glorieux fruits porte l'hommage rendu aux vrais principes ; vous verrez croître encore en grandeur et en éclat l'auréole littéraire du pays, et, de la même main qui aura eu la gloire d'effacer de notre législation une tache qui la dépare, vous aurez tenu plus haut et plus ferme que jamais ce noble drapeau de la France, qui porte, inscrites pour la postérité, non moins brillamment que les triomphes de sa valeur guerrière, les victoires géniales de son intelligence !

PROJET DE LOI

SUR L'EXERCICE DU DROIT DE PROPRIÉTÉ

DES AUTEURS, COMPOSITEURS ET ARTISTES [1]

TITRE PREMIER.

DE LA JOUISSANCE ET DE LA TRANSMISSION DE LA PROPRIÉTÉ DES ŒUVRES DE L'ESPRIT ET DES ARTS.

ARTICLE PREMIER.

Pour l'avenir et à dater du jour de la promulgation de la présente loi, la propriété des œuvres de la littérature et des arts sera régie par les principes du droit commun.

En conséquence, à l'auteur et à ses héritiers suivant la loi, jusqu'à extinction des lignes au degré successible, appartiendra exclusivement la faculté privative de publication et de reproduction desdites œuvres, par quelque moyen et procédé que ce soit. Ce droit sera cessible et transmissible par l'auteur ou ses héritiers à toutes personnes, et les cessionnaires en jouiront alors dans les mêmes termes que leurs cédants eux-mêmes en auraient joui.

Les héritiers, tant de l'auteur que des cessionnaires, pourront toujours laisser dans l'indivision, même au cas d'existence de mineurs parmi eux, la propriété de l'œuvre, conformément à l'article 815 du Code Napoléon, et ce pendant un temps indéterminé, à la charge de désigner ou l'un d'eux ou un tiers comme *séquestre*, ayant mission de procéder, le cas échéant, aux réimpressions et reproductions, et de faire compte du produit à chaque cohéritier dans la portion de ses droits. Ce mandat pourra être salarié.

Le *séquestre* sera tenu de se faire connaître publiquement, de la manière indiquée à l'article 15 ci-après.

[1] Naturellement ce projet, reposant sur une autre base que celui de la commission royale de 1825 (que j'ai rapporté *in extenso* dans mon livre du DROIT AÉRIENNAIRE), ne pouvait être conçu ni dans le même esprit ni dans les mêmes termes, et c'est, sous ce rapport, une œuvre toute nouvelle.

Seulement, et sur quelques points en dehors du principe, je me suis fait un devoir de conserver et de reproduire quelques dispositions fort sages du premier projet, qui se conciliaient parfaitement avec le principe de perpétuité. Ces dispositions sont celles des articles 3, 5 et 15 de mon propre projet.

ARTICLE 2.

La propriété de l'œuvre posthume sera réglée par les dispositions de l'article 1er en ce qui touche le droit des héritiers et de leurs cessionnaires.

Il en sera de même de l'œuvre dont l'auteur aura voulu garder l'anonyme en la publiant, si d'ailleurs la preuve de l'origine a pu en être faite légalement.

ARTICLE 3.

Le droit exclusif de l'État sur les ouvrages composés par son ordre et à ses frais, celui des académies et corps savants légalement constitués sur les ouvrages publiés par leurs soins, leur restera pareillement acquis à perpétuité, sans toutefois qu'il soit sous ce rapport dérogé aux règles généralement admises par les académies et corps savants, et qui conservent à chacun de leurs membres la propriété séparée des ouvrages qu'ils fournissent à la collection.

ARTICLE 4.

A l'égard des ouvrages publiés par souscription, leur propriété sera réglée conformément aux conditions insérées aux programmes publiés desdites souscriptions.

TITRE II.

§ I.

Dispositions spécialement applicables aux œuvres dramatiques et musicales.

ARTICLE 5.

Les ouvrages dramatiques, quel qu'en soit le genre, ne pourront être représentés sur aucun théâtre sans le consentement exprès et par écrit de leur auteur ou de ses héritiers, donataires, cessionnaires ou autres représentants à titre légal.

Les conventions entre ceux-ci et les entrepreneurs de spectacles continueront à être libres et réglées de gré à gré. Aucune autorité ne pourra ni tarifer les rétributions ni les modérer ou augmenter le prix convenu.

Les rétributions revenant aux auteurs ou à leurs héritiers et représentants ne pourront être saisies-arrêtées par les créanciers des entrepreneurs de spectacles.

ARTICLE 6.

Le droit de propriété relatif aux œuvres de musique est, quant à la représentation théâtrale, assimilé complétement à celui des œuvres dramatiques.

ARTICLE 7.

Pour ce qui concerne l'impression et la reproduction successive des ouvrages dramatiques et des œuvres musicales, il est référé aux dispositions des articles 1 et 2.

§ II.

Dispositions spécialement applicables aux productions des arts.

ARTICLE 8.

L'auteur d'un tableau ou d'un dessin au trait ou à la plume, qui l'aura fait graver;

celui d'un ouvrage de sculpture qui l'aura fait mouler ou graver, quels que soient les procédés employés pour la gravure ou le moulage, auront seuls le droit, par eux, leurs héritiers ou cessionnaires, d'en multiplier les exemplaires par des reproductions successives ou d'autoriser cette multiplication.

La possession d'un exemplaire de la gravure ou du moulage n'implique pas le droit d'exposition publique sans le consentement de l'auteur ou des héritiers.

Disposition commune aux titres I et II.

ARTICLE 9.

Les droits reconnus et consacrés par les articles 1 à 8 de la présente loi restent soumis aux prescriptions des articles 10, 11, 12, 13 et 14 ci-après, qui règlent la prérogative du domaine public.

TITRE III.

DROITS DU DOMAINE PUBLIC.

ARTICLE 10.

Afin de sauvegarder, en tout temps et en tout cas, ainsi qu'il est juste et nécessaire d'y pourvoir, l'intérêt général au point de vue du progrès des idées et de la civilisation, faute par tout détenteur du droit exclusif de reproduction d'une œuvre de littérature d'avoir fait une réimpression à nouveau de ladite œuvre dans les dix années à partir de la date de la dernière édition, il sera loisible à toute personne, et par le seul fait de l'expiration de la dixième année sans édition nouvelle, d'en entreprendre une à son propre compte et profit, sans toutefois aucune altération du texte[1], et ce sans aucune nécessité de mise en demeure des propriétaires de l'œuvre et après simple déclaration à la direction de l'imprimerie et de la librairie.

ARTICLE 11.

Au cas où il n'aurait pas été fait usage du droit concédé aux tiers par l'article ci-dessus avant le moment où, depuis l'expiration du susdit délai de dix ans, le propriétaire de l'œuvre l'aurait lui-même rééditée, ledit droit cessera et le propriétaire rentrera dans l'intégrale jouissance de sa faculté exclusive de reproduction.

Mais si, après ce délai de dix ans sans édition nouvelle, quelque personne a usé du susdit droit de libre publication avant l'apparition effective et constatée de l'édition faite par le propriétaire, l'exercice du droit exclusif sera suspendu pendant cinq années à partir de ce moment, pour laisser aux éditeurs du domaine public le temps d'écouler utilement les exemplaires des éditions par eux faites[2].

---

[1] Si j'avais besoin de fournir des motifs à l'appui de cette prohibition d'altérer le texte des ouvrages quoique tombés dans le domaine public, je renverrais à l'arrêt tout récent de la Cour souveraine (COUR IMPÉRIALE DE PARIS, 14 août 1860), qui a confirmé le jugement du tribunal de première instance de la Seine prononçant en ce sens.

[2] J'ai expliqué (page 76 et suivantes) pourquoi cette mesure me paraissait plus que suffisante pour calmer toutes les craintes et répondre à tous les besoins. C'est pourquoi, tout en proposant une seconde mesure et après en avoir donné, aux lieux cités, l'explication, je n'ai pas jugé à propos de l

ARTICLE 12.

S'il s'agit d'une œuvre d'art, la reproduction par la gravure ou le moulage, quels qu'en soient les procédés, deviendra également libre à l'égard de toute personne, à défaut par l'auteur ou ses représentants d'avoir fait la reproduction dans les dix années à partir de la dernière reproduction.

S'il s'agit d'une œuvre dramatique au point de vue de sa représentation, cette représentation pourra être donnée par tout directeur de théâtre, sans consentement ni convention préalable, toutes les fois que même intervalle de dix années se sera écoulé depuis la représentation en France, sur quelque théâtre que ce soit; mais alors le directeur susdit devra compte aux représentants de l'auteur, ou à lui-même, s'il est encore vivant, de la rétribution fixée par l'usage en cas pareil.

ARTICLE 13.

Dans le cas où la propriété d'une œuvre de littérature ou d'art se trouverait appartenir à une succession tombée en déshérence, ladite œuvre sera distraite de cette succession acquise à l'État, et tombera dans le domaine public, la réimpression, reproduction ou représentation, devenant alors libres pour chacun, sauf, bien entendu, l'exercice des droits des créanciers de ladite succession s'il y en a.

ARTICLE 14.

Afin de donner au public toute garantie contre les exigences possibles des détenteurs du droit exclusif de reproduction de l'œuvre littéraire, après le décès de l'auteur, le gouvernement pourra toujours, ensuite d'examen et délibération, en la forme déterminée ci-après, tarifer et baisser le prix des livres si les éditeurs privilégiés veulent les coter à un prix trop élevé[1], mais il ne pourra augmenter lesdits prix.

---

traduire ici en article de loi. Cela pourtant serait bien facile, et il suffirait d'ajouter comme texte d'un article faisant suite à l'article 12 ce qui va suivre :

« Art. 13. — En tout cas, et toujours sur la déclaration d'utilité publique faite en la forme déterminée de la manière indiquée à l'art. 10 (*c'est-à-dire alors l'art. 15, puisque le présent article s'intercalerait*), tout ouvrage de science, d'art ou purement littéraire, pourra être acquis par l'État, par voie d'expropriation sur le détenteur du droit exclusif de reproduction, moyennant la juste et préalable indemnité à lui payer, et qui consistera dans la valeur estimative dudit ouvrage fixée par un jury spécial. » (*Ici pourrait parfaitement s'appliquer le mode d'indemnité proposé par M. de Champagne, c'est-à-dire la remise proportionnelle à faire aux familles par les éditeurs du domaine public.*) « L'État pourra traiter à l'amiable si le détenteur y consent. »

« L'ouvrage ainsi acquis tombera de droit dans le domaine public, et la reproduction en deviendra libre pour tous. »

Dans ce cas, l'art. 16 fera mention de la détermination de la forme de procéder, qui devra être fixée par un règlement d'administration publique.

Je dois dire ici que l'idée de la disposition dont s'agit m'a été suggérée par M. Pinel de Grandchamp, docteur en droit, ancien avocat du barreau de Paris, esprit aussi sûr qu'éclairé.

[1] Dans la rédaction de cette disposition, toute nouvelle chez nous, quoique comptant déjà plus d'un siècle d'existence chez nos voisins d'outre-Manche, et qui fait tomber à plat l'objection tirée de la crainte du trop haut prix des livres, laquelle objection, toute vaine qu'elle soit, est l'une de celles qu'on oppose le plus volontiers à l'application du principe de perpétuité du droit littéraire, j'ai pris à tâche de me conformer strictement aux termes de la loi anglaise.

TITRE IV.

ARTICLE 15.

Un règlement d'exécution, arrêté et publié en la forme des règlements d'administration publique, pourvoira aux diverses mesures d'application de la présente loi qui résultent des prescriptions ci-dessus, notamment :

1° A la forme dans laquelle, après l'ouverture et la liquidation de chaque succession d'auteur ou d'héritier et représentant d'auteur, lesdits héritiers devront faire connaître les têtes sur lesquelles repose la propriété de l'œuvre et le MANDATAIRE SÉQUESTRE, s'il y en a un, qui les représente.

2° A la forme dans laquelle devront être constatées les réimpressions, reproductions et représentations, afin de faciliter l'exercice des droits du domaine public et des tiers.

3° A la forme dans laquelle devront être accomplies les mesures de tarification des livres, le cas échéant, et dans l'hypothèse spécifiée à l'art. 14.

ARTICLE 16.

Disposition transitoire.

Afin d'éviter que la transition du régime actuel de liberté de reproduction, pour ce qui touche les œuvres tombées dans le domaine public, au régime du droit exclusif de reproduction qui résultera de la présente loi ne cause, par sa réalisation trop brusque, des préjudices matériels aux éditeurs actuels desdites œuvres, et pour leur laisser en conséquence tout le temps nécessaire à l'épuisement de leurs éditions, il sera sursis pendant cinq années à la reprise de possession effective, par les familles, du droit exclusif de reproduction, temps pendant lequel lesdits éditeurs ne pourront faire exécuter d'éditions nouvelles, autrement qu'en se soumettant à toutes les éventualités de préjudice qui pourraient résulter ultérieurement pour eux de la mise à exécution de la présente loi.

Les familles ne pourront éditer dans cet intervalle, ladite suspension s'appliquant à toutes les œuvres du domaine public actuel dont une édition nouvelle aura paru depuis le commencement de l'année 1861 jusqu'en fin de l'année 1862.

ARTICLE 17 ET FINAL.

Sont et demeurent rapportées et définitivement abrogées toutes dispositions législatives antérieures sur la propriété et jouissance des œuvres de l'esprit et des arts, à l'exception toutefois des dispositions en vigueur sur la contrefaçon littéraire et artistique et sur le droit international, lesquelles sont et demeurent maintenues en tout ce qui n'est pas contraire aux présentes.

APPENDICE

NOTE A

SUR LA COMMISSION DE LA PROPRIÉTÉ LITTÉRAIRE DE 1825

Il s'agit ici de la Commission royale chargée de préparer un projet de loi nouvelle sur la propriété littéraire et artistique.

Cette Commission avait été instituée par une décision du roi Charles X, en date du 15 novembre 1826, rendue sur le rapport du directeur général des beaux-arts à la liste civile (M. le vicomte de la Rochefoucauld, devenu depuis duc de Doudeauville); et la justice veut qu'on dise que, sur la chaleureuse exposition de son digne conseiller, l'excellent prince avait accueilli cette idée avec la bienveillance la plus empressée. Il voulut que la Commission se composât de l'élite des hautes intelligences de l'époque, et que sa décision même indiquât nominativement ce personnel. Voici quel il fut :

MM. Le comte PORTALIS,	
Le comte LAINÉ,	pairs de France.
Le marquis DE LALLY-TOLLENDAL,	
ROYER-COLLARD,	
PARDESSUS,	députés
Comte DE MONTBEL,	
BELLART, procureur général,	conseillers d'État.
DE VATIMESNIL,	
VILLEMAIN,	maîtres des requêtes
DELAVILLE,	
DACIER,	
ANDRIEUX,	
Le baron CUVIER,	
QUATREMÈRE DE QUINCY,	
PICARD,	
FOURIER,	
ALEXANDRE DUVAL,	membres de l'Institut.
MICHAUD,	
AUGER,	
ROGER,	
PARSEVAL-GRANDMAISON,	
RAYNOUARD,	
Le baron TAYLOR, commissaire royal près le Théâtre-Français	

Le roi avait également voulu que l'intérêt direct des auteurs, du théâtre et des libraires fût représenté dans la Commission par des *délégués élus*; ces délégués, ensuite agréés par le roi, furent :

POUR LES AUTEURS.		POUR LE THÉÂTRE.	POUR LES LIBRAIRES.
MM. LEMERCIER.	MM. ÉTIENNE.	M. TALMA.	MM. FIRMIN DIDOT.
CHAMPEIN.	MOREAU.		RENOUARD.

La Commission fut mise par le roi sous la présidence de M. le directeur général des Beaux-Arts, et il faut dire à son honneur qu'il remplit cette haute mission avec un zèle si noble et une impartialité si grande, qu'il n'est pas un des membres de cette imposante réunion qui ne se soit plu à lui en rendre hommage.

La Commission, dans sa première séance et après avoir entendu avec une religieuse attention le rapport très-développé sur la matière, présenté au nom de M. le directeur général, choisit pour son secrétaire l'auteur du présent écrit, alors sous-chef de division dans l'administration susdite et premier inspecteur des Beaux-Arts.

Le rapport se résumait par VINGT-DEUX questions, desquelles la solution était soumise aux lumières de l'assemblée, laissée complétement maîtresse de cette solution.

La Commission siégea pendant six mois entiers, eut vingt-sept séances des plus longues, des plus animées, et presque jamais un défaillant parmi ses trente membres. À chaque séance un procès-verbal très-circonstancié était dressé, contenant l'analyse détaillée des opinions émises par chacun des orateurs, et l'on se fera une idée de l'importance de cette discussion quand on saura que le recueil de ces procès-verbaux forme un volume in-4° de 400 pages. (Ce volume a été imprimé en 1826 chez Pillet aîné.)

La justice veut qu'on dise ici que, soit pour la rédaction de ces procès-verbaux (qualifiés de recueil ADMIRABLE par un éminent orateur de la Chambre des pairs), soit pour celle du rapport destiné à fixer l'état de la question, le secrétaire de la Commission (le même qui écrit ces lignes) fut merveilleusement secondé dans ces importants travaux par M. CHARLES LENORMANT, alors sous-inspecteur des Beaux-Arts, et qui depuis avait fourni une carrière si honorable de savant et d'écrivain, couronnée par son admission à l'Institut, lorsqu'il est tombé victime de son zèle pour la science, dans une dernière excursion en Grèce, il y a un an à peine. Si jeune encore à l'époque où il eut à concourir au travail en question, il s'y était distingué par un rare talent d'analyse et une instruction avancée qui laissaient prévoir tout ce qu'un jour on devait attendre de lui et qu'il a depuis réalisé d'une manière si brillante. Pourquoi faut-il que cet hommage sincère, que l'auteur de ces lignes aurait été si heureux de lui rendre, lui vivant, ne puisse plus être, hélas! qu'un tribut à ses mânes?... Que ce soit au moins un adoucissement à la douleur de sa perte pour un fils si digne de lui et qui marche si résolûment sur ses traces!

NOTA. Des trente-deux membres de la Commission (en comptant le président et le secrétaire) il n'en reste plus aujourd'hui (décembre 1860) que quatre, savoir : 1° *M. le duc de Doudeauville*; 2° *M. Villemain*; 3° *M. le baron Taylor*; 4° *l'auteur du présent écrit*, M. JULES MARESCHAL.

NOTE B

SUR LES DÉLÉGATIONS LITTÉRAIRES ET ARTISTIQUES QUI ONT REPRÉSENTÉ LA FRANCE
AU CONGRÈS DE BRUXELLES

Le rôle si important que les trois délégations françaises pour la défense de la propriété littéraire ont joué dans l'œuvre malheureuse du Congrès de Bruxelles, et les droits que se sont acquis ainsi à la reconnaissance des amis des lettres et des arts les membres si distingués qui en composaient le personnel, me font une loi de donner ici la liste complète de ces membres. La voici :

1° SOCIÉTÉ DES GENS DE LETTRES.

MM. Francis Wey, président du Comité.
Lafitte, vice-président.
Saintine,
Paul Féval,
Auguste Vitu, rapporteur.

2° ASSOCIATION DES ARTISTES PEINTRES, SCULPTEURS, ARCHITECTES, GRAVEURS ET DESSINATEURS.

MM. Le baron Taylor.
A. de Fontenay.
Bonn.

3° COMMISSION MIXTE DU CERCLE DE LA LIBRAIRIE ET DE LA COMMISSION DES AUTEURS
ET COMPOSITEURS DRAMATIQUES.

MM. Louis Hachette, président et rapporteur
Jules Delalain,
Jules Bonnet,
Charpentier, } délégués du Cercle.
Lahure,
Jules Tardieu,
Goupaux,
Lemavez, } délégués des auteurs.

Si la majorité du Congrès de Bruxelles a failli au devoir de rendre hommage au principe de perpétuité du droit littéraire et artistique, il n'en est dû que plus de gratitude aux hommes de zèle et de talent dont les glorieux efforts se sont appliqués, quoique sans succès, à ramener l'assemblée fourvoyée dans une voie plus conforme à la raison et à la justice.

LISTE

PAR ORDRE ALPHABÉTIQUE [1]

DES LÉGISTES, MAGISTRATS, JURISCONSULTES, SAVANTS, GENS DE LETTRES,
ARTISTES, LIBRAIRES, ETC.

QUI ONT DÉFENDU LE PRINCIPE DE LA PERPÉTUITÉ ET DE L'HÉRÉDITÉ DU DROIT LITTÉRAIRE
ET ARTISTIQUE.

A

Alphonse de Lamartine.
Alphonse Karr, homme de lettres.
Alkan, professeur au Conservatoire des Arts et Métiers.
Alexandre Duval, de l'Institut.
Ambroise Thomas, id.
Andrieux, id.
Auger, id.
Auguste Maquet, homme de lettres.
Auguste Vitu, id.

B

Beaume, avocat.
Bellart, procureur général.
Blondel, avocat.
Bonnevie, id.
Boudier, id.
Baselier, id.

C

Camille Doucet, auteur dramatique.
Champagnac (De).
Champein, compositeur.
Cochu, avocat.
Cuvier (Le baron), de l'Institut.

D

Dacier, de l'Institut.
Delaville, id.
Despiaux, avocat.
Desprez, id.
Dufert d'Émalleville, avocat.

E

Édouard Laboulaye, de l'Institut.
Édouard Monnais.
Émile de Girardin.
Émile Deschamps.
Esprémesnil (D'), conseiller au Parlement.
Estienne, avocat.
Étienne Blanc, id.
Eugène Scribe, de l'Institut.
Eugène Pelletan, homme de lettres.

F

Ferdinand Langlé, homme de lettres.
Francis Wey, id.
Frédéric Bastiat, économiste.
Fourier (Le baron), de l'Institut.

G

Garnier, avocat.
Georges Guiffray, id.

---

[1] L'usage a voulu que nombre d'hommes des professions libérales, adoptés avec faveur par l'opinion, lui fussent signalés particulièrement par l'addition du prénom au nom de famille. Ce prénom fait ainsi partie pour ainsi dire de l'illustration du nom, et je n'ai pas dû les séparer ici. C'est ce qui explique pourquoi c'est la première lettre du prénom qui, dans cette liste alphabétique, fixe l'ordre de la nomenclature.

GÉRANDO (Le baron de), de l'Institut.
GRIMONT, sous-chef du bureau littéraire au
    ministère de l'intérieur.

H

HACHETTE,   libraire.
HECTOR BOSSANGE,   id.
HENNEQUIN,   avocat.
HÉRICOURT (DE),   id.
HUART (A.),   id.
HUART-DUPARC,   id.
HUGUET,   id.

J

JOMARD (de Bruxelles).
JOURDAN, publiciste.
JUBINAL, député.
JULES SIMON, publiciste.

L

LAINÉ, député, ministre.
LALANNE,   avocat.
LALLY-TOLLENDAL, id.
LA ROCHEFOUCAULD, duc DE DOUDEAUVILLE.
LECLERC, libraire.
LEMERCIER, de l'Institut.
LEVI-ALVARÈS, homme de lettres.
LINGUET,   avocat.
LOUIS ALLOURY, id.

M

MARTIN D'OISY, avocat.
MÉLESVILLE, homme de lettres.
MICHAUD, de l'Institut.
MICHEL MASSON, homme de lettres.
MONTBRON (Comte de), député.
MORBAU DE VORME, avocat.
MORICKAU,   id.

P

PARDESSUS, avocat, professeur à l'École de
    droit.
PARSEVAL, de l'Institut.
PATAILLE, avocat.
PAUL FÉVAL, homme de lettres.
PIALET, avocat.
PHILIPPE DE SÉGUR (Le comte), de l'Institut.
PICARD,   id.
POSSARD,   id.
PORTALIS (Le comte), président de la Cour de
    cassation.
PROSPER MÉRIMÉE, de l'Institut.
POTHUIS, avocat.

Q

QUATREMÈRE DE QUINCY, de l'Institut.

R

RAYNOUARD, de l'Institut.
ROGER,   id.

S

SAINTINE, homme de lettres.
SAUVAGE, auteur dramatique.
SÉGUIER, avocat général.
SIMÉON (Le baron).

T

TALMA.
TAYLOR (Le baron).
THÉODORE ANNE, auteur dramatique.
THIERS (A.), publiciste, ancien ministre.
TEXIER, avocat.

V

VATIMESNIL (DE), avocat général.
VINCENT, avocat.

La liste qui précède est nécessairement fort incomplète, quelques recherches que j'aie pu faire ; mais je me propose d'y ajouter ultérieurement, et dans une édition subséquente, les nouveaux noms qui viendront à ma connaissance, heureux d'avoir à rendre hommage à tous les hommes de zèle et d'intelligence qui se sont voués à la défense du principe que j'ai cherché à faire valoir.

LISTE

DES CORPS SAVANTS ET LITTÉRAIRES QUI ONT ADHÉRÉ AU PRINCIPE
DE PERPÉTUITÉ

———

1. L'Académie des Jeux Floraux,   à Toulouse.
2. La Société des Gens de Lettres,   à Paris.
3. L'Association des Auteurs et Compositeurs dramatiques,   id.
4. L'Athénée des Arts, Sciences et Belles-Lettres,   id.
5. L'Association des Artistes Peintres, Sculpteurs, Graveurs, etc.,   id.
6. Le Cercle de la Presse scientifique,   id.
7. La Société d'Encouragement pour l'industrie nationale,   id.
8. La Société des Sciences industrielles,   id.
9. L'Académie universelle des Arts et Manufactures.   id.

FIN DU MÉMOIRE A CONSULTER.

Nota. — Les consultations qui s'élaborent seront publiées ultérieurement.

AUTRES PUBLICATIONS

DE M. JULES MARESCHAL

PHILOSOPHIE MORALE ET RELIGIEUSE

Éloge funèbre de Louis XVI.
Une Visite au Walhalla.
Le Champ du Repos.
Méditation sur l'existence de Dieu.

POLITIQUE

Considérations sur l'état moral et politique de la France.
Essai sur les factions. (Ouvrage agréé pour la bibliothèque de la Chambre des députés.)
Rapports sur la presse périodique.
Napoléon Ier devant le siècle et devant l'histoire. (1843.)

HISTOIRE

Précis de l'histoire de Bohême (14 premiers siècles).
Notice historique sur la Bavière.
Notice historique sur l'origine des peuples slaves.
Notice historique sur les Scandinaves et les Suèves.
Notice historique sur l'origine des Teutons et des peuples germains.

LITTÉRATURE

(PROSE)

Fragments sur la propriété littéraire (1825-1826).
Morceaux choisis de littérature. 1 volume.
Un Régent. (Chronique bohême, 1842.) 2 volumes.
Wlasta. (Chronique bohême). 1 volume.
Mathilde de Naremberg. (Légende du dixième siècle, 1843.) 1 volume.

Épître à ma jeune cousine (Trois éditions successives, 1846, 1848, 1851).

L'Étoile du salut. (Ouvrage agréé par l'Académie Française, 1848.)

L'Anon. (Conte en vers, Médaille à ce sujet décernée par la Société protectrice des animaux, 1856.)

ÉCONOMIE POLITIQUE ET ADMINISTRATIVE

Voyage dans les landes de Bordeaux (1853).

De l'achèvement de la voie navigable entre Bordeaux et Bayonne (1844)

Les landes du littoral du golfe de Gascogne, considérées dans leurs rapports avec le chemin de fer de la Teste (1845).

De l'emploi du sel en agriculture (1848).

De la mise en valeur des landes. (Ouvrage auquel ont souscrit le ministère de l'intérieur et celui des travaux publics, 1855.)

Des chemins de fer au point de vue social et civilisateur. (Ouvrage agréé pour la bibliothèque de l'Académie des sciences morales et politiques, 1854.)

Des fusions et des grandes compagnies. (Ouvrage agréé par la Chambre de commerce de Paris, 1855.)

Marseille et Bayonne, leur avenir et celui du Midi au point de vue du réseau pyrénéen (1856.)

Du droit héréditaire des auteurs. (Ouvrage agréé par quatre classes de l'Institut et par l'Académie des Jeux Floraux, 1859.)

Discours sur les beaux-arts (1856).

ŒUVRES JUDICIAIRES

Mémoire à consulter pour les créanciers de l'ancienne liste civile. (1851. — Ce mémoire a été suivi d'une consultation de quatorze avocats les plus fameux du Barreau de Paris, qui en adoptant toutes les conclusions, et de jugements et arrêts qui les ont consacrées.)

Observations présentées aux Chambres sur l'art. 6 du projet de loi relatif à la dotation de la Couronne.

Mémoire aux deux Chambres pour les employés réformés, sans pension, de l'ancienne liste civile (1852).

Mémoire à consulter sur la question de confiscation des cautionnements des Compagnies de chemins de fer. (Ce mémoire a été suivi de la restitution des dix millions formant le cautionnement confisqué de la Compagnie de Lyon-Avignon.)

Mémoire à consulter pour la Compagnie du chemin de fer de Lisieux à Honfleur (1855).

PARIS. — IMP. SIMON RAÇON ET COMP., RUE D'ERFURTH, 1.

9 782329 229812